Thüringer Festtagskuchen

69 Originalrezepte

Umseitiges Foto zeigt Blechkuchen aus Hefeteig, von oben nach unten:
Großmutters Apfelkuchen (Nr. 5)
Mandel-Krokant-Kuchen (Nr. 33)
Johannisbeerkuchen mit »Eiscreme« (Nr. 9)
Stachelbeerkuchen mit Götterspeise (Nr. 23)
Bienenstich (Nr. 24)
Johannisbeerkuchen mit Fruchtcreme (Nr. 11)
Streuselkuchen (Nr. 43)
Mohnkuchen mit Glasur (Nr. 34)
Wespenstich (Nr. 36),
Mandel-Krokant-Kuchen (Nr. 33)

ISBN 3-7304-0349-4

10., durchgesehene Auflage 1997

Backen: Gudrun Dietze
Fotos: Sigrid Schmidt, Leipzig
Typografie und Einbandgestaltung:
Lore Jacobi, Leipzig
Satz: TypoLiner V & B Druck GmbH Leipzig
Reproduktion: Sebald Sachsendruck,
Druck und Verlag GmbH Plauen
Druck und Bindearbeiten: Salzland Druck Staßfurt
Printed in Germany

Inhaltsverzeichnis

Blechkuchen aus Backpulverteig 49

Thüringer Spezialitäten 66

Plätzchen 72

Aus der »Trickkiste« einer Thüringer Backfrau 76

Nachwort 78

Rezeptverzeichnis 80

Mit Liebe backen

Backen ist meine Leidenschaft. Schon als Kind verpaßte ich keine Gelegenheit. Wo auch immer im Dorf gebacken wurde, ich war dabei, interessierte mich für auffallend schöne Rezepte, schrieb sie auf, probierte sie selbst.

Die festlichen Kaffeetafeln mit ihren köstlichen Gebäckstücken und der farbenprächtigen Vielfalt waren für mich das Schönste bei allen Familienfeiern.

Früher wurden die deftigen Hefekuchen mit viel Teig und allerlei spärlichem Belag auf runden Blechen daheim im eigenen gemauerten Backofen knusprig braun gebacken. Der Kuchen sollte vor allem satt machen. Damals gab es noch den großen Hunger nach schwerer körperlicher Arbeit. Da war der leichte, bizarr geformte Prophetenkuchen die Krönung aller großen Feste und der einfache Hirschhornkuchen mit seinem selbstgemachten Schokoladenguß eine Leckerei.

Beide Kuchen werden auch heute noch gern zubereitet. Doch neben den alten Rezepten gibt es viele neue, die zu unseren Festen – den großen und kleinen, den glücklichen, besinnlichen und traurigen – einfach dazugehören.
Im Laufe der Jahre sind unsere Festtagskuchen vielfältiger, feiner und zarter geworden, werden belegt, gefüllt, garniert und verziert. Und bei ihrer Farbenpracht »ißt« das Auge mit.
Jeder Gastgeber weiß: Bei einem Fest muß nur noch selten ein großer Hunger gestillt werden; die Gäste wollen lieber naschen und von allem kosten, als nach einem einzigen Stück satt zu sein. Statt der Torten bäckt man deshalb viele feine Festtagskuchen, schneidet sie in winzigkleine Stücke und türmt diese auf Platten zu bunten Kuchenbergen auf.
Jedes Stück wird genau betrachtet und genüßlich verkostet; wer selbst bäckt, versucht das Geheimnis des Kuchens zu ergründen. Manche Rezepte machen dann die Runde durch alle Dörfer, andere werden gehütet wie ein Familienschatz.
Unsere Kuchen kommen ohne kostspielige Zutaten aus. Wir haben schon von unseren Müttern gelernt, die einfachen Dinge zu achten. So wurden früher, in knappen Zeiten, die gemahlenen Mandeln durch Grieß ersetzt: Das ergab auch einen wohlschmeckenden Kuchen, und sein Rezept blieb bis heute erhalten.
Das Obst wächst bei uns im eigenen Garten für all die Marmeladen und Konserven.
An Fettigkeit wird für den Teig jetzt immer öfter Margarine verwendet, die macht den leckersten Kuchen leicht und bekömmlich. Nach dem Backen müssen allerdings viele der guten Thüringer Kuchen gebuttert und gezuckert werden …
Unsere Festtagskuchen sind kein kurzlebiges Gebäck. Sie werden schon Tage vor dem Fest gebacken und schmecken erst richtig gut, wenn sie »durchgezogen« sind.
Ein Ratschlag noch an alle, die meine in vielen Jahren gesammelten und selbst erprobten Rezepte versuchen wollen: Die wichtigsten Backzutaten sind Geduld und Liebe.
Ich wünsche gutes Gelingen und viel Freude an unseren Thüringer Festtagskuchen.

Gudrun Dietze

Blechkuchen aus Hefeteig

Hefeteig für jeweils zwei Blechkuchen (In Thüringen bäckt man immer mindestens zwei Kuchen. Hefeteig kann auch eingefroren werden.)

Grundrezept 1

besonders geeignet für Obstkuchen:

600 g Mehl, 175 ml Milch, 130 g Zucker, 30 g Hefe, 150 g Margarine, 1 Ei, 1 Pr. Salz

Grundrezept 2

besonders geeignet für trockene Kuchen:

600 g Mehl, 200 ml Milch, 130 g Zucker, 30 g Hefe, 100 g Margarine, 50 g Butterschmalz oder Schweinefett, 1 Pr. Salz

Leicht angewärmtes Weizenmehl (Zimmertemperatur) in eine nicht zu kleine Schüssel sieben. In die Mitte eine Vertiefung für das Hefestück machen. In die lauwarme Milch 1 TL Zucker und die Hefe bröckeln, verquirlen, vorsichtig in die Mitte der Schüssel gießen und mit einem Teil des Mehls zu einem dicken Brei verrühren. Margarine in Flöckchen und den restlichen Zucker auf den Mehlrand geben. Gewürze hinzufügen. Die Schüssel warm stellen. In 20 bis 25 Minuten ist das Hefestück »aufgegangen«. Jetzt (bei Grundrezept 1 das Ei und) alle übrigen Zutaten in den Teig einarbeiten, dabei das Mehl nach und nach unterkneten. Der Teig sollte straff, aber nicht zu fest sein. Anschließend muß der Teig ca. 1 Stunde im warmen Raum ruhen. Danach den Teig teilen, auf bemehlter Unterlage ausrollen und auf zwei gut gefettete Bleche legen.

1. Altmodischer Apfelkuchen

Teig:
Hefeteig nach Grundrezept 1, halbe Menge für ein Kuchenblech, 75 g Semmelbrösel

Belag:
1,5 kg Äpfel, 1 EL Zitronensaft, 2 EL Zucker, Zimt nach Geschmack, 75 g Rosinen, 75 g gehackte Mandeln, 2 EL Rum oder Weinbrand

zum Verfeinern:
100 g Butter

Äpfel schälen, grob raspeln, mit Zitronensaft beträufeln, damit die Apfelmasse nicht braun wird. Zucker, Zimt, Rosinen und Mandeln zufügen, mit Rum oder Weinbrand abschmekken. Alles dick auf einen ausgerollten, mit Semmelbröseln bestreuten Hefeteig geben und backen. Noch heiß mit zerlassener Butter beträufeln.

Backzeit: 25–30 Minuten
Hitze: 200°–250° C

Ein altes, aber noch immer beliebtes Rezept: Der Kuchen schmeckt frisch aus dem Ofen am besten.

2. Apfelkuchen mit Creme

Teig:
Hefeteig nach Grundrezept 1, halbe Menge für ein Kuchenblech, 50 g Margarine, 75 g Semmelbrösel

Belag:
1,5 kg Äpfel, 2 EL Zitronensaft, 3 EL Zucker

süße Buttercreme:
375 ml Milch, 4 EL Zucker, 1 Puddingpulver Vanille- oder Mandelgeschmack, 125 g Butter

Schokoladenguß:
150 g Schokolade, 50 g Kokosfett, 1 TL Öl

Den ausgerollten Hefeteig dünn mit zerlassener Margarine einpinseln und Semmelbrösel aufstreuen. Äpfel schälen, in Spalten schneiden, Kernhaus entfernen, in Essigwasser legen, um das Braunwerden zu verhindern. Trocken tupfen, mit Zitronensaft und Zucker durchmischen. Auf den Kuchen legen. Ca. 25 Minuten backen. Auskühlen lassen.
Nach Vorschrift einen steifen Pudding kochen (reduzierte Milchmenge!) und erkalten lassen. Butter schaumig schlagen, löffelweise den Pudding unterrühren, bis die Buttercreme schön fest ist. Auf den Apfelkuchen streichen. Kühl stellen. Mit Schokoladenguß überziehen: Die Schokolade im Wasserbad erhitzen, bis sie flüssig ist. Das zerlassene Kokosfett und das Öl unterrühren, auf die Buttercreme geben. (Oder fertige Kuvertüre verwenden.)

Backzeit: 20–25 Minuten
Hitze: 200° C

3. Apfelkuchen mit Geleeguß

Teig:
Hefeteig nach Grundrezept 1, halbe Menge für ein Kuchenblech

Belag:
250 ml Milch, 2 EL Zucker, 1/2 Päckchen Puddingpulver Vanillegeschmack, 1,5 kg Äpfel, ca. 1 l Essigwasser, 1 EL Zitronensaft, 3 EL Zucker, 125 g Mandelstifte, 50 g Butter

Geleeguß:
400 ml Wasser, 1 Päckchen Götterspeise Zitronengeschmack, 4 EL Zucker

Den ausgerollten Hefeteig dünn mit einem nach Grundrezept bereiteten Vanillepudding (halbe Menge) bestreichen. Äpfel schälen, in Spalten schneiden, Kernhaus entfernen, in Essigwasser legen, um das Braunwerden zu verhindern. Trocken tupfen, mit Zitronensaft beträufeln. Auf den Kuchen legen. Zucker und Mandelstifte darüberstreuen. Ca. 25 Minuten backen. Mit zerlassener Butter bestreichen. Auskühlen lassen. Götterspeise nach Vorschrift zubereiten (reduzierte Wassermenge!) und kurz vor dem Gelieren dünn auf dem Apfelkuchen verteilen. Fest werden lassen.

Backzeit: 20–25 Minuten
Hitze: 200°–250° C

Einfacher Apfelkuchen mit großer Wirkung in Aussehen und Geschmack. Die Kinder greifen tüchtig zu.

4. Apfelkuchen mit Mürbeteigdecke

Teig:
Hefeteig nach Grundrezept 1, halbe Menge für ein Kuchenblech, 50 g Margarine, 75 g Semmelbrösel

Belag:
1,5 kg Äpfel, 3 EL Zucker, 2 EL Zitronensaft, 1 Päckchen Vanillezucker, Zimt, 100 g gehackte Mandeln, 75 g Rosinen, 100 g Butter

Mürbeteig:
250 g Mehl, 100 g Margarine, 100 g Zucker, 1 Ei, 2–3 EL Milch, 1 TL Backpulver (1 Handvoll Mehl zum Ausrollen)

zum Verfeinern:
100 g Butter, 100 g Puderzucker

Den ausgerollten Hefeteig dünn mit zerlassener Margarine einpinseln und Semmelbrösel aufstreuen.
Äpfel schälen, in Spalten schneiden, Kernhaus entfernen, in Essigwasser legen, um das Braunwerden zu verhindern. Trocken tupfen, mit Zucker und Zitronensaft durchmischen. Auf den Kuchen legen. Vanillezucker, Zimt nach Geschmack, gehackte Mandeln, Rosinen darüber streuen und mit zerlassener Butter beträufeln.
Aus den Zutaten einen geschmeidigen Mürbeteig kneten, 30 Minuten im Kühlschrank ruhen lassen, auf bemehlter Unterlage dünn ausrollen und auf den Apfelbelag legen. Ca.

30 Minuten backen. Nach völligem Erkalten dick mit bei gelinder Hitze zerlassener und wieder abgekühlter Butter bestreichen. Wenn die Butter auf dem Kuchen »steht«, mit Puderzucker bestäuben.

Backzeit: 30–40 Minuten
Hitze: 180°–200° C

Dieser knusprige und aromatische Kuchen schmeckt auch sehr gut, wenn man den Mürbeteigboden dünn mit erhitzter Aprikosenmarmelade bestreicht und dann Zuckerguß darüber gibt.

Früher einer der besten Kuchen zur Kirmes. Jetzt eher als Sonntagskuchen beliebt und schnell zubereitet.

5. Großmutters Apfelkuchen

Teig:
Hefeteig nach Grundrezept 1, halbe Menge für ein Kuchenblech

Quarkmasse:
75 g Zucker, 50 g Butter, 1 Ei, 200 g Quark, Pudding (aus 1/2 Puddingpulver Vanillegeschmack, 1/4 l Milch, 2 EL Zucker), 1 Päckchen Vanillezucker, 1 Messerspitze Zimt, 50 g gehackte Mandeln, 50 g Rosinen, 1 Gläschen Rum oder Weinbrand

Belag:
1,5 kg Äpfel, 75 g gehackte süße Mandeln (darunter 6 bittere), 50 g Rosinen, 1 Gläschen Rum oder Weinbrand, 3 EL Grieß, 4 EL Zucker, 50 g Margarine

zum Verfeinern:
125 g Butter, 150 g Puderzucker

Den ausgerollten Hefeteig dünn mit der Quarkmasse bestreichen. Dafür Zucker, Butter und Ei verrühren und den Quark zufügen. Aus einem halben Puddingpulver mit 1/4 l Milch und 2 EL Zucker einen Vanillepudding bereiten und erkaltet zugeben. Die übrigen Zutaten zufügen und kräftig rühren. Die in Rum oder Weinbrand eingeweichten Rosinen zugeben. Äpfel schälen, in Spalten schneiden, Kernhaus entfernen, in Essigwasser legen, um das Braunwerden zu verhindern. Trocken tupfen. Dicht auf den Kuchen legen. Gehackte Mandeln, in Rum getränkte Rosinen darüber streuen. Grieß und Zucker vermischen, dick auf den Kuchen streuen und mit zerlassener Margarine beträufeln. Backen.
Nach dem völligen Auskühlen reichlich mit bei gelinder Hitze zerlassener, abgekühlter Butter bepinseln. Die Butter muß auf dem Kuchen »stehen«, ihn förmlich abdichten. Erst wenn die Butter fest ist, dick mit Puderzucker besieben.

Backzeit: 30–40 Minuten
Hitze: 180°–200° C

Sehr altes Rezept. Dieser schmackhafte und gehaltvolle Kuchen bleibt lange frisch.

Großmutters Apfelkuchen

6. Apfelmuskuchen

Teig:
Hefeteig nach Grundrezept 1 bereiten, ausrollen, ein gut gefettetes Kuchenblech damit belegen, Teigrest beiseite stellen

Belag:
1 l dickes Apfelmus, 3-4 EL Grieß,
100 g Rosinen, 1 Gläschen Rum oder Weinbrand, 2 EL Zucker, Zimt nach Geschmack

zum Verfeinern:
125 g Butter, 150 g Puderzucker

Apfelmus unter Rühren aufkochen lassen, Grieß einrühren. Vom Herd nehmen, ausquellen lassen. Die in Rum getränkten Rosinen hinzufügen, mit Zucker und Zimt abschmekken. Abkühlen lassen.
Diesen Belag auf den ausgerollten Hefeteig streichen. Den restlichen Teig ausrollen, mit dem Kuchenrädchen Teigstreifen rädeln und gitterförmig über den Kuchen legen. Bei guter Mittelhitze ca. 25 Minuten backen. Nach dem Erkalten den Kuchen buttern und dick mit Puderzucker bestäuben.

Backzeit: 25–30 Minuten
Hitze: 180°–200° C

Ein altes Rezept. Der Kuchen sieht auch sehr lekker aus, wenn das Teiggitter mit Zuckerguß überzogen wird.

7. Apfelmuskuchen mit Vanillecreme

Teig:
Hefeteig nach Grundrezept 1, halbe Menge für ein Kuchenblech

Belag:
1 l dickes Apfelmus, 3-4 EL Grieß

süße Buttercreme:
375 ml Milch, 4 EL Zucker, 1 Puddingpulver Vanillegeschmack, 125 g Butter

Schokoladenguß:
150 g Schokolade, 50 g Kokosfett, 1 TL Öl

Apfelmus unter Rühren aufkochen lassen, Grieß einrühren, vom Herd nehmen, ausquellen und dabei abkühlen lassen. Diesen Belag auf den ausgerollten Hefeteig streichen und backen. Auskühlen lassen.
Nach Vorschrift einen steifen Pudding kochen (reduzierte Milchmenge!) und erkalten lassen. Butter schaumig schlagen, löffelweise den Pudding unterrühren, bis die Buttercreme schön fest ist. Auf den völlig erkalteten Apfelmuskuchen streichen.
Mit Schokoladenguß überziehen. Dafür die Schokolade im Wasserbad erwärmen, bis sie flüssig ist. Das zerlassene Kokosfett und das Öl darunterrühren.

Backzeit: 20–25 Minuten
Hitze: 180°–200° C

Eine verfeinerte Variante des alten Rezepts.

8. Hummelstich

Teig:
Hefeteig nach Grundrezept 1, halbe Menge für ein Kuchenblech, 50 g Margarine, 75 g Semmelbrösel

Belag:
350 ml Kirschsaft, 1 Puddingpulver Vanillegeschmack, 3 EL Zucker, 750 g gut abgetropfte Sauerkirschen aus der Konserve

oberer Teig:
250 g Tiefkühl-Blätterteig

Krokantmasse:
125 g Butter, 200 g Zucker, 150 g gehackte Mandeln, 2 EL Milch, 1 Ei

Einen ausgerollten Hefeteig mit Margarine bestreichen und mit Semmelbröseln bestreuen. Darauf einen noch heißen Kirschpudding streichen, der nach Grundrezept aus Kirschsaft (reduzierte Flüssigkeitsmenge!), Puddingpulver und Zucker bereitet wurde. Die gut abgetropften Kirschen obenauf geben. Den Blätterteig dünn ausrollen und auf die Kirschen legen. Bei guter Mittelhitze den Kuchen 10 Minuten backen. Inzwischen die Butter zerlassen, Zukker und Mandeln zufügen und im Topf so lange rühren, bis der Zucker karamelisiert ist. Vom Herd nehmen, die Milch einrühren, abkühlen lassen. Zuletzt das Ei unterrühren. Den Kuchen aus dem Backofen nehmen, die Krokantmasse auf die Blätterteigdecke streichen und den Kuchen fertig backen. Er bekommt einen feinen Glanz und braucht nicht zusätzlich gebuttert oder gezuckert zu werden.

Backzeit: 30–40 Minuten
Hitze: 180°–200° C

Sehr schmackhaft!

9. Johannisbeerkuchen mit »Eiscreme«

Teig:
Hefeteig nach Grundrezept 1, halbe Menge für ein Kuchenblech

Belag:
700 g Johannisbeeren aus der Konserve (etwa ein 1,5 l Glas oder zwei kleinere), 375 ml Saft (evtl. Wasser auffüllen), 1 rotes Puddingpulver (Himbeergeschmack), 5 EL Zucker, rote Kuchenfarbe

»Eiscreme«:
1/4 l Wasser, 2 EL Zucker, 1 Puddingpulver Vanillegeschmack, 125 g Butter, 3 Gläschen Weinbrand, 1 Ei, 125 g Kokosfett

Schokoladenguß:
150 g bittere Schokolade, 50 g Kokosfett, 1 TL Öl

Den Hefeteig dünn ausrollen. Die Johannisbeeren abtropfen lassen. Aus dem Saft mit dem Puddingpulver und dem Zucker nach Grundrezept einen Pudding kochen (verringerte Flüssigkeitsmenge!), etwas abkühlen lassen und die Früchte darunter mischen. Eventuell mit roter Kuchenfarbe kräftiger färben. Diese Masse auf der Kuchenplatte verteilen und backen. Auskühlen lassen.
Für die »Eiscreme« aus Wasser, Zucker und Vanillepuddingpulver einen steifen Pudding kochen. In die heiße Masse die Butter rühren und den Weinbrand zufügen. Etwas abkühlen lassen. Ein Ei unterarbeiten. Das Kokosfett weißcremig schlagen und den Pudding unter ständigem Rühren löffelweise dazugeben. Diese weiße Creme auf die Johannisbeermasse streichen und nach dem Festwerden mit einem Schokoladenguß überziehen. Dafür die Schokolade im Wasserbad schmelzen und das zerlassene Kokosfett sowie das Öl zufügen. Dünn auf die »Eiscreme« geben.

Backzeit: 20 Minuten
Hitze: 180°–200° C

Ein sehr beliebtes Rezept! Optisch und geschmacklich einer der besten Kuchen. Allerdings ein wenig zeitaufwendig.

Johannisbeerkuchen mit »Eiscreme«

10. Schwarzer Johannisbeerkuchen

Teig:
Hefeteig nach Grundrezept 1, halbe Menge für ein Kuchenblech

Belag:
500 g gut abgetropfte schwarze Johannisbeeren aus der Konserve, 375 ml Saft (evtl. Wasser zugeben), 1 Puddingpulver Vanillegeschmack, 3 EL Zucker

Creme:
375 ml Saft (evtl. Wasser zugeben), 1 Puddingpulver Vanillegeschmack, 5 EL Zucker, 100 g Butter, 125 g Kokosfett, 2 Gläschen Weinbrand oder Rum

Schokoguß:
3 EL Zucker, 1 Päckchen Vanillezucker, 1 Ei, 2–3 EL Kakao, 125 g Kokosfett, 1–2 EL Rum

Einen Hefeteig ausrollen, aufs Blech legen. Aus Saft, Puddingpulver und Zucker nach Grundrezept einen Pudding kochen (reduzierte Flüssigkeitsmenge!) und die Johannisbeeren untermischen. Auf den Kuchen streichen und backen. Erkalten lassen.
Aus Saft, Puddingpulver und Zucker einen weiteren Pudding kochen. In die noch heiße Masse Butter und Kokosfett einrühren. Alles so lange schlagen, bis die Creme abgekühlt ist. Zuletzt den Alkohol zufügen. Über die Früchte streichen. Fest werden lassen.
Mit Schokoladenguß überziehen. Dafür das Kokosfett in einem Topf erwärmen, bis es flüssig ist. Inzwischen Zucker, Vanillezucker und den gesiebten Kakao mit dem Ei verrühren. Anschließend das etwas abgekühlte Kokosfett löffelweise darunterrühren. Zuletzt 1–2 EL Rum hinzufügen.

Backzeit: 20 Minuten
Hitze: 180°–200° C

Sehr kräftig im Geschmack. Ein Kuchen für Kenner!

11. Johannisbeerkuchen mit Fruchtcreme

Teig:
Hefeteig nach Grundrezept 1, halbe Menge für ein Kuchenblech

Quarkmasse:
50 g Zucker, 1 Ei, 50 g Butter, 200 g Quark

Belag:
750 g gut abgetropfte Johannisbeeren aus der Konserve (etwa ein 1,5-Liter-Glas oder 2 kleinere Gläser)

Fruchtcreme:
350 ml Fruchsaft, 1 rotes Puddingpulver, 4 EL Zucker, 150 g Butter, 50 g Kokosfett

Geleeguß:
1 Päckchen rote Götterspeise, 400 ml Wasser, 4 EL Zucker

Den ausgerollten Hefeteig dünn mit der Quarkmasse bestreichen. Dafür Zucker, Ei und Butter gut verrühren, den Quark zufügen. Nochmals kräftig rühren. Die Früchte möglichst dicht auf den Kuchen legen und backen. Abkühlen lassen. Für die Fruchtcreme aus dem Saft, dem Puddingpulver und dem Zucker einen steifen Pudding kochen, abkühlen lassen. Die Butter schaumig schlagen und den abgekühlten Pudding löffelweise unterrühren. Zum Schluß das zerlassene, noch heiße Kokosfett unterrühren; die Creme wird dadurch ganz glatt. Die Creme über die Beeren streichen und mit einem Garnierkamm Wellen ziehen. Kühl stellen und die Creme fest werden lassen. Die Götterspeise nach Vorschrift zubereiten und kurz vor dem Gelieren dünn über den Kuchen geben. Sie soll den Kuchen nur überglänzen. Das Wellenmuster der Fruchtcreme muß deutlich erkennbar bleiben.

Backzeit: 20 Minuten
Hitze: 180°–200° C

Ein raffinierter, sehr gut aussehender Kuchen; fruchtig und frisch in lebhaftem Rot gehört er auf jede Festtafel. Er ist ebenso schmackhaft, wenn er mit Erdbeeren oder Sauerkirschen zubereitet wird.

12. Obstkuchen mit Eierschecke

Teig:
Hefeteig nach Grundrezept 1, halbe Menge für ein Kuchenblech

Quarkcreme:
50 g Zucker, 1 Ei, 50 g Butter, 200 g Quark

Belag:
750 g gut abgetropfte (entsteinte) Sauerkirschen oder Stachelbeeren

Eierschecke 1:
400 ml Milch, 1 Puddingpulver Vanillegeschmack, 125 g Margarine, 100 g Puderzucker, 2 Eigelb, 2 Eiweiß

Eierschecke 2:
250 ml Milch, 125 g Margarine, 3 Eigelb, 1 Puddingpulver Vanillegeschmack, 3 Eiweiß, 3 EL Zucker

Eierschecke 3:
125 g Quark, 100 g Margarine, 2 Eigelb, 1 Vanillezucker, 2 EL Zucker, 250 ml Milch, 1/2 Puddingpulver Vanillegeschmack, 2 Eiweiß

zum Verfeinern:
125 g Butter, 100 g Puderzucker

Den ausgerollten Hefeteig dünn mit der Quarkmasse bestreichen. Dafür Zucker, Ei und Butter kräftig rühren, den Quark zufügen. Nochmals gut verrühren. Die Früchte dicht auf den Kuchen legen (Konservenfrüchte sehr gut abtropfen lassen!). Mit einer der Eierschekke-Massen überziehen.

Für Nr. 1 aus Milch und Puddingpulver ohne Zucker einen Pudding zubereiten. Margarine, Puderzucker und Eigelb mit dem Schneebesen schaumig schlagen. Den etwas abgekühlten Pudding darunterrühren. Eiweiß steif schlagen, unterheben.

Bei Nr. 2 Milch, Margarine, Eigelb und Puddingpulver in einem Topf bei geringer Hitzezufuhr und unter ständigem Rühren erwärmen. Sobald die Masse dick zu werden beginnt, vom Herd nehmen. Eiweiß steif schlagen, Zucker einrieseln lassen und beides unter die abgekühlte Creme geben.

Den Quark für Nr. 3 mit der weichen Margarine, den Eigelb, dem Vanillezucker und Zukker verrühren. Aus Milch und dem Puddingpulver einen Pudding zubereiten, erkalten lassen und unter die Quarkmasse rühren. Zuletzt die steifgeschlagenen Eiweiß unterziehen.

Den Kuchen ca. 20 Minuten backen. Auskühlen lassen. In jedem Falle buttern und dick mit Puderzucker bestäuben.

Backzeit: 20 Minuten
Hitze: 180°–200° C

Ein Kuchen für den sofortigen Verzehr. Schmeckt frisch am besten.

13. Obstkuchen mit Eischnee

Teig:
Hefeteig nach Grundrezept 1, halbe Menge für ein Kuchenblech

Quarkmasse:
100 g Zucker, 3 Eigelb, 500 g Quark, 1 Puddingpulver Vanillegeschmack, 1/4 l Milch, 2 EL Zucker, 1 Päckchen Vanillezucker, 50 g gehackte Mandeln, Bittermandelöl, 50 g Rosinen, 1 Gläschen Rum

Belag:
750 g Konservenobst, z. B. Stachelbeeren, Kirschen, Johannisbeeren

Eischnee:
5 Eiweiß, 125 g Zucker, 1/8 l Obstsaft

Einen ausgerollten Hefeteig mit der aus allen Zutaten gut verrührten Quarkmasse bestreichen, Obst gut abtropfen lassen und auflegen. Den Kuchen 15 Minuten backen. Inzwischen die Eiweiß steif schlagen, Zucker allmählich einrieseln lassen und weiterschlagen, zuletzt den Obstsaft unterrühren. Den halbfertig gebackenen Kuchen aus dem Herd nehmen, den Eischnee darüberstreichen, mit dem Garnierkamm Wellen formen und den Kuchen weiter backen, bis der Eischaum leicht gebräunt ist.

Backzeit: insgesamt 30 Minuten
Hitze: 180°–200° C

Diesen Kuchen stets frisch verzehren!

14. Pflaumenkuchen mit Geleeguß

Teig:
Hefeteig nach Grundrezept 1, halbe Menge für ein Kuchenblech, 50 g Margarine, 75 g Semmelbrösel

Belag:
750 g Konservenfrüchte ohne Stein (ein 1,5-Liter-Glas oder zwei kleinere), 100 g Mandelstifte

Geleeguß:
½ l Pflaumensaft, 15 g Gelatine

Den ausgerollten Hefeteig mit zerlassener Margarine bestreichen, mit Semmelbröseln bestreuen. Die Pflaumen möglichst dicht auf den Teig legen. Mandelstifte darüberstreuen und backen. Erkalten lassen. Im Saft die Gelatine einweichen, erhitzen und nach Vorschrift zubereiten. Kurz vor dem Gelieren den Kuchen damit überziehen.

Backzeit: 30 Minuten
Hitze: 180°–200° C

Der Kuchen ist auch sehr gut, wenn statt Pflaumen Aprikosen verwendet werden.

Ein erfrischender Sonntagskuchen, der schnell zubereitet ist.

15. Pflaumenkuchen mit Streuseldecke

Teig:
Hefeteig nach Grundrezept 1, halbe Menge für ein Kuchenblech, 50 g Margarine, 75 g Semmelbrösel

Belag:
750 g Pflaumen ohne Stein

Streusel:
300 g Mehl, 200 g zerlassene Margarine, 200 g Zucker, 1 Päckchen Vanillezucker, Zimt

zum Verfeinern:
100 g Butter, 75 g Puderzucker

Den ausgerollten Hefeteig mit zerlassener Margarine bestreichen, mit Semmelbröseln bestreuen. Die gut abgetropften Pflaumen auf den Teig legen.
Aus Mehl, der zerlassenen, abgekühlten Margarine und dem Zucker Streusel kneten und dicht auf die Pflaumen krümeln. Backen. Nach dem Erkalten den Kuchen buttern und mit Puderzucker bestäuben.

Backzeit: 30 Minuten
Hitze: 180°–200° C

Säuerlich-süß, saftig und knusprig ist dieser beliebte Kuchen. Er bleibt 2–3 Tage frisch, dann werden die Streusel weicher.

16. Pflaumenmuskuchen

Teig:
Hefeteig nach Grundrezept 1

Belag:
1 l festes Pflaumenmus

Zitronenguß:
250 g Puderzucker, 1 EL heißes Wasser, 2 EL Zitronensaft, 80 g Kokosfett

Auf einen dünn ausgerollten Hefeteig das Pflaumenmus streichen. Den zweiten, ebenso dünn ausgerollten Teigboden darüberlegen. Das geht einfach, wenn er um das Nudelholz gewickelt und über dem Kuchen vorsichtig wieder abgerollt wird. Die obere Teigplatte mit lauwarmer Milch bestreichen, mehrmals mit der Gabel einstechen, damit sich keine Blasen bilden. Backen. Auskühlen lassen. Den gesiebten Puderzucker mit heißem Wasser verrühren, Zitronensaft und das zerlassene Kokosfett unterrühren und den Kuchen damit überziehen.

Backzeit: 25–30 Minuten
Hitze: 180°–220° C

Ein altes, sparsames, aber beliebtes Rezept, das einen aromatischen, herzhaften Kuchen ergibt.

17. Sauerkirschkuchen mit Geleeguß

Teig:
Hefeteig nach Grundrezept 1, halbe Menge für ein Kuchenblech

Belag:
400 ml Milch, 1 Puddingpulver Vanillegeschmack, 3 EL Zucker, 50 g Butter, 750 g gut abgetropfte, entsteinte Sauerkirschen aus der Konserve (ein 1,5-Liter-Glas oder 2 kleinere)

Geleeguß:
1/2 l Kirschsaft, 15 g Gelatine, 3 EL Zucker oder
1 Päckchen Götterspeise Kirschgeschmack, 400 ml Wasser, 3–4 EL Zucker

Auf den ausgerollten Hefeteig einen nach Vorschrift gekochten Pudding streichen, in den noch heiß die Butter gerührt wurde. Die Früchte darauf legen und backen. Auskühlen lassen. Erkaltet mit einem Geleeguß überziehen. Dafür entweder aus Kirschsaft, Gelatine und Zucker nach Grundrezept einen Guß herstellen oder rote Götterspeise zubereiten und kurz vor dem Gelieren auf den Kuchen geben.

Backzeit: 30–40 Minuten
Hitze: 180°–200° C

Ein schneller, erfrischender Sonntagskuchen. Kinder mögen ihn besonders gern. Sehr kräftig im Geschmack!

18. Sauerkirschkuchen mit feiner Mürbeteigdecke

Teig:
Hefeteig nach Grundrezept 1, halbe Menge für ein Kuchenblech, 50 g Margarine, 75 g Semmelbrösel

Belag:
750 g entsteinte Sauerkirschen aus der Konserve, 1/2 l Kirschsaft, 4 EL Grieß, 3 EL Zucker

Mürbeteig:
250 g Mehl, 100 g Margarine, 100 g Zucker, 1 Ei, 2–3 EL Milch, 1 TL Backpulver

zum Verfeinern:
75 g Butter, 100 g Puderzucker

Den ausgerollten Hefeteig mit zerlassener Margarine bestreichen, mit Semmelbröseln bestreuen. Die Sauerkirschen abtropfen lassen. In 500 ml lauwarmen Saft (evtl. mit Wasser auffüllen) den Grieß einrieseln und unter ständigem Rühren aufkochen lassen, Zucker zufügen und vom Herd nehmen. Die Kirschen hinzugeben. Diese Grieß-Kirsch-Masse auf den Teigboden streichen.
Einen geschmeidigen Mürbeteig kneten, 30 Minuten im Kühlschrank ruhen lassen, auf bemehlter Unterlage dünn ausrollen und auf die Kirschfüllung legen. Das geht am besten, wenn der Teig zunächst aufs Nudelholz gerollt wird und dann über dem Kuchen wieder abgerollt werden kann. Backen. Nach dem Erkalten den Kuchen reichlich buttern und dick mit Puderzucker bestäuben.

Backzeit: 30–40 Minuten
Hitze: 180°–200° C

Der Kuchen schmeckt auch sehr gut, wenn die obere Teigplatte nach dem Backen mit Zuckerguß überzogen wird. Ein Kuchen auch für heiße Tage, er verdirbt selbst bei hochsommerlichen Temperaturen nicht so schnell.

19. Sauerkirschkuchen mit Quarkcreme

Teig:
Hefeteig nach Grundrezept 1, halbe Menge für ein Kuchenblech, 50 g Margarine, 75 g Semmelbrösel

Belag:
750 g gut abgetropfte, entsteinte Sauerkirschen aus der Konserve

Quarkcreme:
150 g Butter, 4 Eigelb, 2 EL Zucker, 1 Pr. Salz, 500 g Magerquark, 1 Soßenpulver Vanillegeschmack, 1/4 l Schlagsahne, Arrak- oder Rumaroma, Vanillezucker, Pudding (aus 3/4 l Milch, 2 Puddingpulver Vanillegeschmack, 6 EL Zucker), 4 Eiweiß

Geleeguß:
1/2 l Kirschsaft, 15 g Gelatine, 3 EL Zucker
oder
1 Päckchen Götterspeise Kirschgeschmack, 400 ml Wasser, 5 EL Zucker

Den ausgerollten Hefeteig mit zerlassener Margarine bestreichen, mit Semmelbröseln bestreuen. Die gut abgetropften Sauerkirschen nicht zu dicht auf den ausgerollten Teig legen. Dick mit Quarkcreme überziehen. Dafür Butter, Eigelb, Zucker mit der Prise Salz schaumig schlagen, den Quark unterziehen, Soßenpulver, Schlagsahne und Gewürz zugeben. Einen Vanillepudding nach Grundrezept kochen (reduzierte Milchmenge!), abkühlen lassen und zu der Quarkcreme geben. Zuletzt die Eiweiß steif schlagen und unterziehen. Den Kuchen ca. 35 Minuten bei Mittelhitze backen. Auskühlen lassen.
Mit einem Geleeguß überziehen. Gelatine in etwas Kirschsaft einweichen, dann mit dem übrigen Saft erhitzen. Kurz vor dem Gelieren den Kuchen damit überziehen.
Geleeguß aus Kirsch-Götterspeise ist ebenso schmackhaft: Nach Vorschrift zubereiten (Wassermenge reduzieren!) und kurz vor dem Gelieren den Kuchen damit überziehen.

Backzeit: 30–40 Minuten
Hitze: 180°–200° C

Leicht, locker und fruchtig ist dieser Kuchen – frisch aus dem Ofen ganz besonders fein.

20. Sauerkirschkuchen mit Schokoladencreme

Teig:
Hefeteig nach Grundrezept 1, halbe Menge für ein Kuchenblech, 50 g Margarine, 75 g Semmelbrösel

Belag:
750 g gut abgetropfte, entsteinte Sauerkirschen aus der Konserve

Pudding:
400 ml Sauerkirschsaft, 1 Puddingpulver Kirschgeschmack, 3 EL Zucker

Schokoladencreme:
400 ml Schlagsahne, 100 g Vollmilchschokolade, 100 g Bitterschokolade

Garnitur:
Schokoladenraspel

Den ausgerollten Hefeteig mit zerlassener Margarine bestreichen, mit Semmelbröseln bestreuen. Die gut abgetropften Sauerkirschen auf den ausgerollten Teig legen.
Aus Kirschsaft, Puddingpulver und Zucker nach Vorschrift einen Pudding kochen (reduzierte Flüssigkeitsmenge!), etwas abkühlen lassen, über die Kirschen geben und den Kuchen backen. Auskühlen lassen.
Schlagsahne und Schokolade aufkochen lassen und kühl stellen. Am nächsten Tag schlagen und auf den Kuchen streichen. Mit Schokoladenraspeln verzieren.

Backzeit: 30 Minuten
Hitze: 200° C

Ein sehr feiner, gehaltvoller Festtagskuchen!

21. Stachelbeerkuchen mit Streuseln

Teig:
Hefeteig nach Grundrezept 1, halbe Menge für ein Kuchenblech

Belag:
700 ml Milch, 1 1/2 Puddingpulver Vanillegeschmack, 3 EL Zucker

750 g gut abgetropfte Stachelbeeren aus der Konserve (etwa ein 1,5-Liter-Glas oder 2 kleinere Gläser)

Streusel:
300 g Mehl, 200 g zerlassene Margarine, 200 g Zucker, 1 Päckchen Vanillezucker, Zimt

zum Verfeinern:
125 g Butter, 150 g Puderzucker

Auf den ausgerollten Hefeteig einen nach Vorschrift gekochten Pudding streichen. Die Früchte darauf legen.
Aus Mehl, zerlassener, abgekühlter Margarine und dem Zucker große Streusel kneten und nicht zu dicht auf die Stachelbeeren setzen. Backen. Nach dem Erkalten den Kuchen buttern und dick mit Puderzucker bestäuben.

Backzeit: 30 Minuten
Hitze: 180°–200° C

Ein einfacher, schnell zubereiteter Sonntagskuchen, der zugleich herzhaft säuerlich wie lieblich schmeckt.

22. Stachelbeerkuchen mit »Speckfett«-Glasur

<u>Teig:</u>
Hefeteig nach Grundrezept 1, halbe Menge für ein Kuchenblech

<u>Quarkcreme:</u>
100 g Quark, Pudding (aus 1/4 l Milch, 2 EL Zucker, 1/2 Puddingpulver Vanillegeschmack), 1 Vanillezucker, 1 TL Puddingpulver, 50 g Butter

<u>Belag:</u>
750 g gut abgetropfte Stachelbeeren aus der Konserve

<u>Buttercreme:</u>
375 ml Milch, 3 EL Zucker, 1 Puddingpulver Vanille- oder Mandelgeschmack, 125 g Butter

<u>»Speckfett«-Glasur:</u>
5 EL Puderzucker, 1 Ei, 2 EL Zitronensaft, 100 g Kokosfett, 100 g gehackte Mandeln

Auf dem ausgerollten Hefeteig die Quarkcreme dünn verstreichen. Dafür den Quark mit einem nach Grundrezept gekochten, abgekühlten Vanillepudding verrühren. Vanillezucker, 1 TL Puddingpulver und die zerlassene Butter zugeben und gut verrühren. Auf diese Quarkcreme die Früchte legen. Backen und gut auskühlen lassen.

Stachelbeerkuchen mit Götterspeise (Nr. 23), einige Stücke Stachelbeerkuchen mit »Speckfett«-Glasur (Nr. 22)

Für die Buttercreme einen Vanille- oder Mandelpudding bereiten, erkalten lassen. Die Butter schaumig schlagen, löffelweise den Pudding zufügen und rühren. Die Creme dünn auf die Früchte streichen. Fest werden lassen.
Den Puderzucker mit dem Ei kräftig verrühren, Zitronensaft zugeben und das zerlassene, leicht abgekühlte Kokosfett allmählich unterrühren. Die Mandeln in der trockenen Pfanne rösten, abkühlen lassen und unterheben. Mit dieser »Speckfett«-Glasur den Stachelbeerkuchen vorsichtig überziehen. Kalt stellen.

Backzeit: 25 Minuten
Hitze: 180°–200° C

Die süße, knackige »Speckfett«-Masse auf den säuerlichen Beeren gibt dem Kuchen den besonderen Geschmack.

23. Stachelbeerkuchen mit Götterspeise

Teig:
Hefeteig nach Grundrezept 1, halbe Menge für ein Kuchenblech

Quarkcreme:
200 g Quark, Pudding (aus 1/4 l Milch, 2 EL Zucker, 1/2 Puddingpulver Vanillegeschmack), 1 Vanillezucker, 1 TL Puddingpulver, 50 g Butter, 1 Ei

Belag:
750 g gut abgetropfte Konservenfrüchte

Buttercreme:
375 ml Milch, 1 Puddingpulver Vanillegeschmack, 3 EL Zucker, 175 g Butter

oberer Belag:
1 1/2 Päckchen Götterspeise Waldmeistergeschmack, 4 EL Zucker, 600 ml Wasser

Auf den ausgerollten Hefeteig die Quarkcreme dünn verstreichen. Dafür den Quark mit einem nach Vorschrift gekochten, abgekühlten Vanillepudding verrühren. Vanillezucker 1 TL Puddingpulver zugeben und gut verrühren. Die zerlassene Butter zufügen. Zuletzt das Ei unterrühren. Auf die Quarkmasse die gut abgetropften Früchte legen. Backen und vollständig auskühlen lassen.
Für die Buttercreme einen Vanillepudding bereiten, erkalten lassen. Die Butter schaumig schlagen, löffelweise den Pudding zufügen und rühren. Die Buttercreme in einen Spritzbeutel füllen und mit mittelgroßer Sterntülle in ca. 2 Zentimeter Abstand Tupfer auf den Kuchen spritzen, die diagonale Streifen ergeben. Das Ganze in der Gegenrichtung wiederholen, so daß Karos aus Cremetupfer entstehen.
Wenn die Buttercreme fest geworden ist, den Kuchen mit grüner Götterspeise überziehen. Dazu die Götterspeise nach Vorschrift zubereiten, allerdings die Wassermenge verringern. Die Götterspeise erst unmittelbar vor dem Gelieren auf den Kuchen geben und diesen sofort kalt stellen.

Backzeit: 25 Minuten
Hitze: 200° C

Dieser Kuchen ist eine Augenweide für jede Tafel!

Kokos-, Mandel- und Nußkuchen

24. Bienenstich

Teig:
Hefeteig nach Grundrezept 2, halbe Menge für ein Kuchenblech

Belag:
300 g Margarine, 200 g Zucker, 100 g Honig oder Kunsthonig, 2 EL Grieß, 300 g gehackte oder gemahlene Mandeln, Bittermandelöl, 3–4 Eier

zum Verfeinern:
100 g Butter, 50 g Puderzucker

Margarine zerlassen, mit Zucker und Honig bzw. Kunsthonig aufkochen, den Grieß und die Mandeln einstreuen, unter ständigem Rühren nochmals aufkochen lassen, vom Herd nehmen und ausquellen lassen. Mit Bittermandelöl abschmecken. Wenn die Masse erkaltet ist, die Eier unterrühren. Auf den ausgerollten Hefeteigboden streichen und bei Mittelhitze backen. Den völlig erkalteten Kuchen dick mit zerlassener, nur lauwarmer Butter bestreichen. Die Butter muß auf dem Kuchen »stehen«. Mit Puderzucker bestäuben.

Backzeit 20 Minuten
Hitze: 180°–200° C

Dieser Kuchen ist schnell zubereitet und besonders lange haltbar.

25. Gefüllter Bienenstich

Teig:
Hefeteig nach Grundrezept 2, zwei Drittel der Gesamtmenge, 1 EL Öl

Belag:
150 g Butter, 150 g Zucker, 200 ml Schlagsahne, 300 g gehackte oder gehobelte Mandeln

Creme zur Füllung:
400 ml Milch, 75 g Zucker, 1 Puddingpulver Vanillegeschmack, 200 g Margarine, 1 Pr. Salz, Puderzucker zum Abschmecken

Zwei Teigböden ganz dünn ausrollen. Einen davon auf das gut gefettete Backblech legen und nochmals lange gehen lassen. Sorgfältig mit Öl einstreichen. Die zweite Teigplatte darauf legen. Sie darf weder Löcher noch Risse haben, sonst läuft der Belag durch, und sie läßt sich nach dem Backen nicht abheben. Die Butter zerlassen, den Zucker zugeben und rühren, bis er sich aufgelöst hat. Die Sahne zufügen, alles aufkochen lassen. Die gehackten oder gehobelten Mandeln unterrühren und nochmals aufkochen lassen. Die abgekühlte Masse auf die obere Teigplatte streichen und backen. Noch heiß auf ein Kuchenbrett schieben, auskühlen lassen. Die Ränder abschneiden, und die Teigplatte mit dem Bienenstich vorsichtig abheben.
Aus Milch, Zucker und Puddingpulver einen Vanillepudding bereiten und abkühlen lassen. Die Margarine mit einer Prise Salz schaumig schlagen, den kalten Pudding löffelweise zufügen und zu einer leichten, nicht zu süßen Creme schlagen. Eventuell mit etwas Puderzucker

abschmecken. Die Creme auf die untere Teigplatte streichen, den Bienenstichboden darauf setzen und bis zum Anschneiden noch etwas ruhen lassen.

Backzeit: 30–40 Minuten
Hitze: 180°–200° C

Der gefüllte Bienenstich ist sehr beliebt als Sonntagskuchen. Die Creme muß ganz fest sein, sonst läßt er sich nicht gut schneiden.

26. Haselnußkuchen

Teig:
Hefeteig nach Grundrezept 2, halbe Menge für ein Kuchenblech

Belag:
300 g Margarine, 250 g Zucker,
300 g gehackte Haselnüsse, 6 EL Milch, 2 Eier

Nußcreme:
100 g Butter, 2 EL Pudding (aus 200 ml Milch, 1 EL Zucker, 1 Soßenpulver Vanillegeschmack), 2 EL Nuß-Nougat-Creme, 50 g Kokosfett, 50 g Schokolade oder Kuvertüre

Margarine und Zucker schaumig schlagen, gehackte, leicht geröstete Haselnüsse und die Milch zufügen, rühren, Eier zugeben und zu einer glatten Masse verarbeiten. Auf den ausgerollten Hefeteig streichen und backen. Auskühlen lassen. Mit Nußcreme überziehen. Dafür die Butter schaumig schlagen, 2 EL kalten Pudding unter ständigem Rühren hinzugeben. Nuß-Nougat-Creme zufügen, Kokosfett zerlassen, Schokolade oder Kuvertüre im Wasserbad schmelzen lassen und beides unterrühren. Die Nußcreme auf den völlig erkalteten Kuchen streichen. Auf der Oberfläche mit der Gabel Muster ziehen. Fest werden lassen.

Backzeit: 20–25 Minuten
Hitze: 180°–200° C

Ein sehr feiner Festtagskuchen, schmackhaft und von schönem Aussehen.

27. Kakao-Kokoskuchen

Teig:
Hefeteig nach Grundrezept 2, halbe Menge für ein Kuchenblech

Belag:
300 g Margarine, 300 g Zucker, 5 EL Milch, 250 g Kokosraspeln, 3 EL Kakao, 1–2 Eier, Rumaroma, 1 Gläschen Rum

Glasur:
weiße Kuvertüre

Margarine zerlassen, mit Zucker und Milch unter ständigem Rühren erhitzen. Kokosraspeln und den gesiebten Kakao zufügen, aufkochen lassen und vom Herd nehmen. Nach dem Abkühlen 1–2 Eier, Rumaroma und Rum dazugeben, auf den ausgerollten Hefeteig streichen und backen. Eine dünn aufgetragene Glasur aus weißer Kuvertüre schmückt den Kuchen sehr.

Backzeit: 20–25 Minuten
Hitze: 180°–200° C

Ein saftiger, aromatischer Kuchen, der schnell zubereitet ist.

28. Kokoskuchen

Teig:
Hefeteig nach Grundrezept 2, halbe Menge für ein Kuchenblech

Belag:
300 g Kokosraspeln, 300 g Margarine, 300 g Zucker, 1 Päckchen Vanillezucker, 3 Eier, 1/2 Tasse heiße Milch

Schokoladenguß:
150 g Schokolade, 50 g Kokosfett, 1 TL Öl oder Kuvertüre

Kokosraspeln in der trockenen Pfanne langsam hellgelb rösten, beiseite stellen. Margarine zerlassen, Zucker und Vanillezucker zufügen, unter ständigem Rühren aufkochen lassen. Die Kokosraspeln einrühren und nochmals aufkochen lassen. Nach dem Abkühlen dieser Masse drei Eier unterarbeiten, auf den ausgerollten Hefeteigboden streichen und backen. Noch heiß mit der ebenfalls heißen Milch bepinseln. Auskühlen lassen.
Für den Guß die Schokolade im Wasserbad erhitzen, das zerlassene Kokosfett und das Öl zufügen und auf die Kokosmasse geben.

Backzeit 20–25 Minuten
Hitze: 180°–200° C

Ein klassischer, würziger und »schneller« Kuchen, ewig beliebt und immer wieder gebacken.

29. Weißer Kokoskuchen

Teig:
Hefeteig nach Grundrezept 2, halbe Menge für ein Kuchenblech

Belag:
350 g Margarine, 300 g Zucker, 60 g Honig, 4 EL Milch, 250 g Kokosraspeln, Saft ½ Zitrone

Schokoladenguß:
150 g bittere Schokolade, 50 g Kokosfett, 1 TL Öl

Margarine zerlassen (nicht bräunen!), Zucker und Honig zufügen, verrühren und mit der Milch aufkochen lassen. Die Kokosraspeln hinzufügen und nochmals kurz aufkochen lassen. Zitronensaft beigeben. (Damit die Kokosmasse weiß bleibt, dürfen keine Eier zugegeben werden!) Den Belag auf den ausgerollten Hefeteig streichen und backen. Mit einer Schokoladenglasur dünn überziehen. Dafür die Schokolade im Wasserbad erhitzen, mit Öl und dem zerlassenen Kokosfett geschmeidig rühren und auf den abgekühlten Kuchen geben.

Backzeit: 20 Minuten
Hitze: 180° C

Saftig und knusprig, eine richtige süße Leckerei!

30. Kokos-Johannisbeer-Kuchen

Teig:
Hefeteig nach Grundrezept 2, halbe Menge für ein Kuchenblech

Belag:
200 g Margarine, 150 g Puderzucker, 1 Spritzer Bittermandelöl, 1–2 Eier, 200 g Kokosraspeln

Füllung:
750 g gut abgetropfte Johannisbeeren aus der Konserve, 1 Päckchen roter Tortenguß, 3 EL Zucker, 250 ml Johannisbeersaft

Margarine mit dem gesiebten Puderzucker verrühren, Bittermandelöl und Eier zufügen. Zum Schluß die Kokosraspeln einarbeiten. Die Masse in einen Spritzbeutel mit großer Sterntülle füllen und in Abständen von ca. 2 Zentimetern diagonale Streifen auf den ausgerollten Hefeteig spritzen. Die Zwischenräume mit den gut abgetropften Johannisbeeren füllen. Backen. Auskühlen lassen.
Tortenguß nach Grundrezept zubereiten und kurz vor dem Gelieren über die Streifen mit den Johannisbeeren geben. Der Kuchen kann vor dem Servieren ganz dünn mit Puderzucker bestäubt werden.

Backzeit: 20–30 Minuten
Hitze: 180°–200° C

Säuerliche Früchte zwischen süßem Kokos machen den Kuchen geschmacklich und optisch interessant. Als sehr farbenprächtiger Kuchen für die große Festtagstafel geeignet.

31. Knusperkuchen

Teig:
Hefeteig nach Grundrezept 2, halbe Menge für ein Kuchenblech

Belag:
200 ml saure Sahne, 2 TL Speisestärke

Füllung:
150 g gemahlene Haselnüsse, 100 g grob gehackte Walnüsse, 150 g Zucker, 50 g Butter

durchsichtiger Zitronenguß:
200 g Puderzucker, 2 EL Zitronensaft, 1 EL heißes Wasser, 50 g Kokosfett

Saure Sahne und Speisestärke verrühren und auf den ausgerollten Hefeteig streichen. Die gemahlenen Haselnüsse und die gehackten Walnüsse mit dem Zucker mischen, auf den Belag streuen und mit der zerlassenen Butter beträufeln. Backen. Nach dem Abkühlen mit einem durchsichtigen, glänzenden Zitronenguß überziehen. Dafür den gesiebten Puderzucker mit Zitronensaft, heißem Wasser und dem zerlassenen, wieder abgekühlten Kokosfett gut verrühren.

Backzeit: 20 Minuten
Hitze: 180°–200° C

Ein schneller Sonntagskuchen, der wegen seines »runden« Geschmacks – säuerlich und knusprig zugleich – sehr beliebt ist. Er hält sich auch einige Tage frisch.

32. Mandelkuchen mit Blätterteigdecke

Teig:
Hefeteig nach Grundrezept, halbe Menge für ein Kuchenblech

Belag:
200 g Margarine, 200 g Zucker,
200 g gemahlene Mandeln, 1 Spritzer Bittermandelöl, 2 Eier

Buttercreme:
375 ml Milch, 1 Puddingpulver Vanillegeschmack, 2 EL Zucker, 175 g Butter

Blätterteigdecke:
250 g Tiefkühl-Blätterteig, 100 g Puderzucker

Margarine zerlassen, Zucker und gemahlene Mandeln unter Rühren hinzugeben, aufkochen lassen. Mit Bittermandelöl verfeinern. Nach dem Abkühlen die Eier einarbeiten. Den ausgerollten Hefeteig mehrmals mit der Gabel einstechen, die Mandelmasse auf die Teigplatte streichen und backen. Nach dem Abkühlen den Mandelkuchen mit Buttercreme füllen. Dafür einen Vanillepudding bereiten, erkalten lassen. Die Butter schaumig schlagen, löffelweise den Pudding zufügen und rühren. Auf die Buttercreme kommt eine ganz dünne, extra gebackene Blätterteigdecke. Dafür den Blätterteig ausrollen, auf ein mit kaltem Wasser abgespültes Kuchenblech legen, mehrmals mit der Gabel einstechen und wenige Minuten bei Mittelhitze backen. Sofort vom Blech lösen, abkühlen lassen, auf den Kuchen legen und mit Puderzucker bestäuben.

Backzeit: 20 Minuten
Hitze: 180° C

Ein besonders feiner Festtagskuchen.

Mandelkuchen mit Blätterteigdecke

33. Mandel-Krokant-Kuchen

Teig:
Hefeteig nach Grundrezept 2, halbe Menge für ein Kuchenblech

Belag:
275 g Butter, 350 g Zucker, 275 g gehackte Mandeln, 4 EL Milch, 1–2 Eier

Die Butter zerlassen, den Zucker zugeben, unter Rühren erhitzen. Die feingehackten Mandeln zufügen und so lange auf dem Herd lassen, bis der Zucker hellbraun, also karamelisiert ist. Topf vom Feuer nehmen, Milch zufügen, rühren. Unter die etwas abgekühlte Masse ein großes oder zwei kleine Eier rühren. Diese Masse auf den ausgerollten Hefeteig streichen und bei wenig Oberhitze 20 Minuten backen. Der Kuchen hat eine schön glänzende Oberfläche, braucht keinerlei Guß und sollte auch nicht mit Puderzucker bestäubt werden.

Backzeit: 20 Minuten
Hitze: 180° C

Ein edler Kuchen, kroß und saftig, der sich lange hält. Besonders wohlschmeckend seine Karamel-Note.

34. Mohnkuchen mit Glasur

Teig:
Hefeteig nach Grundrezept 2, halbe Menge für ein Kuchenblech

Belag:
1 l Milch, 350 g feingemahlenen Mohn, 2 EL Grieß, 2 EL Mehl, 4 EL Zucker, 125 g Margarine, 1/4 TL Zimt, 1 Päckchen Vanillezucker, Saft 1/2 Zitrone, Rumaroma, 2 EL gehackte Mandeln, 75 g Rosinen, 2 Gläschen Rum, 1 Ei

Zitronenguß:
200 g Puderzucker, 2 EL Zitronensaft, 1 Eiweiß, 75 g Kokosfett

Die Milch erhitzen. Mohn, Grieß, Mehl und Zucker trocken vermischen und allmählich in die heiße Milch einrieseln lassen. Bei ständigem Rühren kurz aufkochen lassen und vom Herd nehmen. Margarine, Zimt, Vanillezukker, Zitronensaft, gehackte Mandeln sowie die in Rum eingeweichten Rosinen unterrühren. Abkühlen lassen. Zum Schluß das Ei unter die abgekühlte Mohnmasse rühren. Auf den ausgerollten Hefeteig streichen. Da die Masse sehr dünnflüssig ist, an der Vorderseite des Blechs einen hohen Rand andrücken und mit Backpapier oder Alufolie befestigen. Backen. Auskühlen lassen. Für den Zitronenguß den gesiebten Puderzucker mit Zitronensaft und den Eiweiß verrühren. Das zerlassene, wieder etwas abgekühlte Kokosfett löffelweise unterziehen. Gleichmäßig auf dem Kuchen verteilen.

Backzeit: 30 Minuten
Hitze: 200°–220° C

Dieser Mohnkuchen, ein sehr deftiger Kuchen, bleibt tagelang frisch und saftig. Er schmeckt auch mit einer »Speckfett«-Glasur ausgezeichnet.

Mohnkuchen mit Glasur
und mit »Speckfett«-Schicht

35. Wald- und Wiesenkuchen

<u>*Teig:*</u>
Hefeteig nach Grundrezept 2, halbe Menge für ein Kuchenblech

<u>*Belag:*</u>
75 g gemahlene Mandeln, 75 g Kokosraspeln, 75 g gemahlene Nüsse, 75 g Rosinen, 75 g Zitronat, 75 g Orangeat, 225 g Zucker, 225 g Margarine, 2 Eier

<u>*zum Verfeinern:*</u>
50 g Butter, 75 g Puderzucker

Hefeteig nicht zu dünn ausrollen. Mandeln, Kokosraspeln, Nüsse in eine Schüssel geben. Rosinen, Zitronat und Orangeat in der Küchenmaschine zerkleinern und hinzufügen. Margarine zerlassen, den Zucker darin schmelzen, die bunte Früchtemasse unterrühren. Etwas abkühlen lassen und dann zwei Eier einarbeiten. Diese »Wald- und Wiesenmischung« auf dem Teig verteilen. Backen. Nach dem Auskühlen mit zerlassener Butter bestreichen und mit Puderzucker besieben.

Backzeit: 20–25 Minuten
Hitze: 180°–200° C

Ein saftiger und würziger Kuchen, der sich schnell zubereiten läßt.

36. Wespenstich

<u>*Teig:*</u>
Hefeteig nach Grundrezept 2, halbe Menge für ein Kuchenblech

<u>*Belag:*</u>
1/2 Glas Aprikosenmarmelade, 300 g Trockenaprikosen oder 700 g gut abgetropfte Früchte aus der Konserve, 250 g Tiefkühl-Blätterteig

<u>*Mandelmasse:*</u>
250 g Margarine, 250 g Zucker, 250 g gemahlene süße Mandeln, 1 Päckchen Vanillezucker, 2 Eier

<u>*zum Verfeinern:*</u>
75 g Butter, 50 g Puderzucker

Den ausgerollten Hefeteig dünn mit der Marmelade bestreichen. Die in wenig Zuckerwasser gedünsteten Trockenfrüchte oder die Konservenfrüchte gut abtropfen lassen und auf die Konfitüre legen. Den Blätterteig nach dem Auftauen dünn ausrollen und auf die Früchte legen. 10 Minuten backen; der Blätterteig soll schon ein wenig Bräune haben.
Margarine zerlassen, Zucker, Mandeln und Vanillezucker einrühren, aufkochen lassen. In die fast erkaltete Masse ein großes Ei oder zwei kleine Eier rühren. Diese Masse auf die Blätterteigdecke streichen und den Kuchen fertig backen. Nach dem Auskühlen zerlassene Butter auftragen und mit Puderzucker bestäuben.

Backzeit: 30–40 Minuten
Hitze: 180°–200° C

37. Walnußkuchen

<u>Teig:</u>
Hefeteig nach Grundrezept 2, halbe Menge für ein Kuchenblech

<u>Belag:</u>
100 g Margarine, 100 g Zucker, 1 Ei, 150 g gemahlene Haselnüsse, 5 EL Kaffeesahne, 1 Gläschen Rum, 1/2 Fläschchen Rumaroma, 350 g Walnüsse (ohne Schalen)

<u>Creme zur Füllung:</u>
350 ml Milch, 75 g Zucker, 1 Puddingpulver Vanillegeschmack, 125 g Butter

<u>Schokoladenguß:</u>
150 g bittere Schokolade, 50 g Kokosfett, 1 TL Öl

Margarine und Zucker schaumig schlagen, Ei, gemahlene Haselnüsse und die Kaffeesahne zufügen, rühren, Rum und Rumaroma zugeben und zu einer glatten Masse verarbeiten. Auf den ausgerollten Hefeteig streichen und mit Walnußhälften dicht belegen. Backen. Auskühlen lassen.
Aus Milch, Zucker und Puddingpulver einen steifen Vanillepudding (reduzierte Flüssigkeitsmenge!) bereiten. Abkühlen lassen. Die Butter schaumig schlagen und den Pudding löffelweise verrühren. Die Creme soll gut streichfähig sein. Die Vanillebuttercreme dünn auf die Walnüsse bringen. Fest werden lassen.
Abschließend mit einer Glasur überziehen. Dafür die Schokolade im Wasserbad erhitzen, mit Öl und zerlassenem Kokosfett geschmeidig rühren und dünn auftragen.

Backzeit: 20–25 Minuten
Hitze: 180°–200° C

Ein knackiger, bißfester und optisch sehr schöner Kuchen, der sich großer Beliebtheit erfreut.

38. Kirmeskuchen

Teig:
Hefeteig nach Grundrezept 1, halbe Menge für ein Kuchenblech

Belag:
100 g Margarine, 50 g Zucker, 2 Eier, Zitronenaroma, 2 EL Zitronensaft, 750 g Quark, Pudding (aus 400 ml Milch, 1 Puddingpulver Vanillegeschmack, 3 EL Zucker)

Guß:
175 g Margarine, 3 EL Öl, 200 g Zucker, 2 Päckchen Vanillezucker, 4 EL Rum, ½ Fläschchen Rumaroma, 3 Spritzer Bittermandelöl, 2 große Eier, 60 g Mehl, ½ TL Backpulver

Streusel:
75 g Zucker, 75 g Mehl, 50 g Margarine, eine Handvoll Zucker

zum Verfeinern:
Puderzucker

Die Margarine mit Zucker und Eiern verrühren, Zitronenaroma und Zitronensaft hinzufügen. Den Quark unterziehen. Einen Pudding nach Grundrezept bereiten (reduzierte Milchmenge!), leicht auskühlen lassen und zu der Quarkmasse geben. Kräftig verrühren. Mit dieser Quarkmasse, die nicht süß schmecken darf, einen ausgerollten Hefeteig dick bestreichen.
Für den Guß die Margarine zerlassen, Öl, Zucker, Vanillezucker, Rum, Rumaroma und Bittermandelöl zufügen und kräftig mit dem Schneebesen verrühren. Eier zugeben und weiter rühren. Zuletzt Mehl und Backpulver unterheben.
Diesen süßen Guß, der nach dem Backen ganz knusprig sein wird, auf die Quarkmasse geben.
Aus Zucker, Mehl und der zerlassenen Margarine kleine Streusel kneten und auf dem Guß verteilen. Eine Handvoll Zucker darüberstreuen. Backen. Auskühlen lassen. Vor dem Servieren dünn mit Puderzucker bestäuben.

Backzeit: 30–35 Minuten
Hitze: 180°–200° C

Aus dem Gegensatz von säuerlichem Quark und süßem Guß ergibt sich der Wohlgeschmack dieses feinen Kuchens.
Am besten frisch – noch lauwarm – verzehren!

39. Kirmeskuchen auf andere Art

Teig:
Hefeteig nach Grundrezept 1, halbe Menge für ein Kuchenblech

Belag:
150 g Zucker, 4 Eier, 750 g Quark, Pudding (aus 1/4 l Milch, 1/2 Päckchen Puddingpulver Vanillegeschmack, 1 EL Zucker), 1 Gläschen Rum, 1 Päckchen Vanillezucker, 75 g Margarine

Buttercreme:
375 ml Milch, 1 Puddingpulver Vanillegeschmack, 2 EL Zucker, 150 g Butter

Schokoladenguß:
150 g Schokolade, 50 g Kokosfett, 1 TL Öl oder Kuvertüre

Den ausgerollten Hefeteig mit der Quarkmasse bestreichen. Dafür Zucker und Eier schlagen und den Quark zufügen. Aus einem halben Puddingpulver mit 1/4 l Milch und 1 EL Zucker einen Vanillepudding bereiten und leicht erkaltet unterrühren. Mit Rum und Vanillezucker abschmecken. Die Margarine zerlassen, abkühlen lassen und hinzugeben. Backen. Nach dem Erkalten mit Buttercreme bestreichen.
Einen Vanillepudding nach Grundrezept bereiten (reduzierte Milchmenge!) und abkühlen lassen. Die Butter schaumig schlagen und den kalten Pudding löffelweise zugeben und zur Buttercreme verrühren.
Mit Schokoladenguß verfeinern. Dafür die Schokolade im Wasserbad erwärmen, das zerlassene Kokosfett und das Öl zugeben, verrühren und den Kuchen damit überziehen.

Backzeit: 20–30 Minuten
Hitze: 200°–220° C

Ein feiner, sehr beliebter Kuchen!

40. Puddingkuchen

Teig:
Hefeteig nach Grundrezept 1, 2 EL Milch

Belag:
800 ml Milch, 2 Puddingpulver Vanillegeschmack, 4 EL Zucker

Streusel:
300 g Mehl, 250 g Margarine, 150 g Zucker, 1 Päckchen Vanillezucker

zum Verfeinern:
50 g Puderzucker

Die Teigmenge teilen. Auf einen dünn ausgerollten Hefeteig den steif gekochten, etwas abgekühlten Pudding streichen. Den zweiten, ebenso dünn ausgerollten Teigboden darüberlegen. Das geht einfach, wenn er um das Nudelholz gewickelt und über dem Kuchen vorsichtig wieder abgerollt wird. Die obere Teigplatte mit lauwarmer Milch bestreichen. Aus Mehl, der zerlassenen Margarine, Zucker und Vanillezucker Streusel kneten und auf den Kuchen krümeln. Backen. Erkaltet mit Puderzucker bestreuen.

Backzeit: 25–30 Minuten
Hitze: 180°–200° C

Ein altes Rezept, das einen feinen Sonntagskuchen ergibt.

Kirmeskuchen (Nr. 38)

41. Quarkkuchen

<u>Teig:</u>
Hefeteig nach Grundrezept 1, halbe Menge für ein Kuchenblech

<u>Belag:</u>
175 g Zucker, 6 Eier, 1 kg Quark, Pudding (aus 1/4 l Milch, 1 EL Zucker, 1/2 Puddingpulver Vanillegeschmack), 1/2 Puddingpulver Vanillegeschmack, 2 Päckchen Vanillezucker, abgeriebene Schale 1/2 ungespritzten Zitrone, 2 EL Zitronensaft, 1/4 TL Zimt, 1 Prise Salz, 75 g gehackte süße Mandeln,
1 Spritzer Bittermandelöl, 75 g Rosinen,
1 Gläschen Rum, 150 g Butter

<u>zum Verfeinern:</u>
100 g Butter, 100 g Puderzucker
oder
eine Nougatcreme aus
100 g Butter, 100 g Puderzucker, 1 Eigelb,
1 EL Kakao, Rumaroma, 100 g bitterer Schokolade

Zucker und Eigelb verrühren, Quark zufügen und alles kräftig mit dem Schneebesen schlagen. Den nach Grundrezept zubereiteten halben Vanillepudding und das restliche Puddingpulver einrühren, Vanillezucker, abgeriebene Zitronenschale, Zitronensaft, Zimt, Salz, Mandeln, Bittermandelöl und die Rosinen (vorher im Rum einweichen!) zufügen. Zuletzt die zerlassene Butter und die steif geschlagenen Eiweiß zufügen.
Diese Quarkmasse auf den ausgerollten Hefeteig streichen und bei guter Mittelhitze bakken. Der Teig sollte schön gebräunt, der Belag aber hell aussehen. Den heißen Quarkkuchen entweder mit reichlich zerlassener Butter bestreichen und zuckern oder mit einer Nougatcreme bestreichen. Das empfiehlt sich vor allem dann, wenn man ihn nicht sofort verzehren möchte.
Für die Nougatcreme Butter und gesiebten Puderzucker gut verrühren, mit dem Eigelb cremig schlagen, gesiebten Kakao, Rumaroma zufügen. Zuletzt mit der im Wasserbad erhitzten Schokolade verrühren. Gleichmäßig auftragen. Zur Verzierung mit dem Garnierkamm in Wellen darüberfahren.

Backzeit. 35–45 Minuten
Hitze: 200°–250° C

Ein klassischer Kuchen, saftig und frisch im Geschmack. Besonders fein mit der Nougatcreme.

Quarkkuchen mit Nougatcreme

THOM.PONTZEN NCHF.

42. Hebekuchen

Teig:
Hefeteig nach Grundrezept 2 (zwei Drittel der Gesamtmenge), 1 EL Öl, 2 Eigelb, 150 g gehackte Mandeln, 100 g Zucker, 100 g Butter

Nougatcreme:
200 g Butter, 50 g Puderzucker, 20 g Kakao, 1 Eigelb, 1 Päckchen Vanillezucker, 1/2 Fläschchen Rumaroma, 100 g Vollmilchschokolade

zum Verfeinern:
Puderzucker

Zwei Teigböden ganz dünn ausrollen. Einen davon auf das gut gefettete Backblech legen. Der Teig muß länger als sonst üblich gehen, damit er besonders locker ist. Sorgfältig mit Öl einstreichen. Die zweite Teigplatte darauf legen. Mit Eigelb einstreichen. Die Mandeln in der trockenen Pfanne rösten. Mit dem Zucker vermischen und auf dem oberen Teigboden verteilen. Die zerlassene Butter darüber träufeln. Backen. Abkühlen lassen. Vom erkalteten Kuchen die obere Teigplatte vorsichtig abheben, Ränder evtl. mit einem breiten Messer lockern. Den Kuchen mit einer Nougatcreme füllen. Dafür die weiche Butter mit dem gesiebten Puderzucker schlagen, gesiebten Kakao und Eigelb zufügen, mit Vanillezucker und Rumaroma abschmecken. Die Schokolade im Wasserbad zerlassen und etwas abgekühlt unter die Creme schlagen. Die untere Teigplatte mit der Füllung bestreichen, die Mandel-Teigplatte vorsichtig darauf setzen und dünn mit Puderzucker bestreuen.

Backzeit: 20–25 Minuten
Hitze: 200° C

Dieser Kuchen ist nicht so schwierig zuzubereiten, wie es auf den ersten Blick aussieht. In Thüringen bäckt man ihn oft. Er ist lange haltbar.

43. Streuselkuchen

Teig:
Hefeteig nach Grundrezept 2, halbe Menge für ein Kuchenblech, 2 EL Milch

Streusel:
350 g Margarine, 250 g Zucker, Zimt, 1 Päckchen Vanillezucker, Bittermandelöl, 450 g Mehl, 4 EL Kakao

zum Bestreichen:
125 ml heiße Milch, 60 g Butter

zum Verfeinern:
100 g Butter, 50 g Puderzucker

Den ausgerollten Hefeteigboden mit lauwarmer Milch einstreichen und mehrmals mit der Gabel einstechen. Aus der Margarine, Zucker, Zimt, Vanillezucker und Mehl Streusel kneten. Die Menge teilen, und eine Hälfte mit

dem Kakao verkneten. Die hellen Streusel portionsweise auf den Teig zupfen, mit den dunklen die Lücken füllen, so daß ein schwarzweißes Muster Ihrer Wahl entsteht. Backen. Danach, wenn der Kuchen noch heiß ist, die Butter in der ebenfalls heißen Milch verrühren und den Kuchen damit beträufeln. Erst jetzt den Kuchen auskühlen lassen. Später den völlig erkalteten Streuselkuchen nochmals mit zerlassener Butter bestreichen. Mit Puderzucker bestäuben.

Streuselkuchen

Backzeit: 20–25 Minuten
Hitze: 180°–200° C

Der Kuchen ist knackig, saftig und lange haltbar. Werden allerdings die Streusel aus Butter bereitet, laufen sie breit und behalten nicht ihre Form.

44. Gefüllter Streuselkuchen

Teig:
Hefeteig nach Grundrezept 2, halbe Menge für ein Kuchenblech

Füllung:
Pudding (aus 1/4 l Milch, 1/2 Puddingpulver Vanillegeschmack, 2 EL Zucker), 125 g Margarine, 100 g Puderzucker, 75 g gehackte Mandeln, 2 EL Kakao, Rumaroma

Streusel:
250 g Margarine, 200 g Zucker, 1 Päckchen Vanillezucker, Bittermandelöl, 400 g Mehl

zum Verfeinern:
75 g Butter, 50 g Puderzucker

Auf den ausgerollten Hefeteig eine Füllung streichen. Dafür nach Vorschrift einen Vanillepudding bereiten und erkalten lassen. Margarine und gesiebten Puderzucker schaumig schlagen, gehackte Mandeln, Kakao und Rumaroma dazugeben, gut rühren. Mit 2 EL vom gekochten, erkalteten Vanillepudding abbinden. Auf diese Masse Streusel geben. Dafür aus der zerlassenen Margarine, Zucker, Vanillezucker, einigen Tropfen Bittermandelöl und dem Mehl Streusel kneten und auf den Kuchen zupfen. Backen und abkühlen lassen. Den völlig erkalteten Kuchen buttern und zuckern.

Backzeit: 20–25 Minuten
Hitze: 200° C

Eine beliebte Abwandlung des klassischen Streuselkuchens, sehr schmackhaft.

45. Trockener Kuchen

Teig:
Hefeteig nach Grundrezept 2, 1/2 Tasse Milch

Schokoguß:
1 Ei, 3 EL Zucker, 2–3 EL Kakao, 125 g Kokosfett, 2 EL Weinbrand oder Rum

auf andere Art:
150 g Zucker, 100 g Grieß, 4 EL Kakao, 200 g Butter

Den Hefeteig etwas dicker ausrollen, etwa 700 g fertigen Teig für einen Kuchen verwenden. Den Teigboden mit Milch einpinseln und mehrmals mit der Gabel einstechen, damit beim Backen keine Blasen entstehen. 10 Minuten bei Mittelhitze backen; er sollte leicht gebräunt sein. Abkühlen lassen. Dick mit Schokoguß bestreichen. Dafür Ei und Zucker schaumig schlagen, den gesiebten Kakao und den Weinbrand zugeben und das zerlassene Kokosfett unterrühren. Ist der Guß zu dickflüssig, eventuell etwas Milch zugeben.

Trockener Kuchen auf andere Art:
Die ausgerollte Teigplatte mit Milch bestreichen und mit einem Gemisch aus Zucker, Grieß und Kakao dick bestreuen. Zerlassene Butter zur Hälfte vor dem Backen darüber träufeln. 10 Minuten backen, wieder buttern .

Backzeit: 20 Minuten
Hitze: 180°–200° C

Ein altes Rezept. Diesen Kuchen gab es in Thüringen früher zum Dreschen und bei Begräbnissen.

Blechkuchen aus Backpulverteig

46. Dominokuchen

unterer Teig (Mürbeteig):
250 g Mehl, 100 g Margarine, 100 g Zucker, 1 Pr. Salz, 2 EL Kakao, 1/2 Backpulver, 1 Ei, 2–3 EL lauwarmes Wasser

Belag:
100 g Butter, 150 g Zucker, 2 Eier, 750 g Quark, 1 Päckchen Vanillezucker, 2 EL Zitronensaft, 3 EL gekochten, abgekühlten Vanillepudding, 1 EL Puddingpulver Vanillegeschmack

oberer Teig:
3 Eier, 175 g Zucker, 175 ml Speiseöl, 1 Spritzer Bittermandelöl, 150 g Mehl, 1 TL Backpulver

Schokoguß:
3 EL Zucker, 1 Päckchen Vanillezucker, 1 Ei, 2–3 EL Kakao, 125 g Kokosfett, 1–2 EL Rum

Mehl in eine Schüssel sieben. Margarineflöckchen, Zucker, Kakao, Gewürz und Backpulver zugeben. Ei und Wasser hinzufügen und alles zu einem Teig verkneten. Den Teig 30 Minuten im Kühlschrank ruhen lassen, auf bemehlter Unterlage ausrollen und auf das gefettete Backblech legen.
Für den Belag Butter, Zucker und Eier kräftig miteinander verrühren, den Quark und die übrigen Zutaten hinzufügen und weiter rühren. Die Masse gleichmäßig auf dem dunklen Teig verteilen. Beginnend mit Eiern, Zucker und Öl den oberen Teig rühren, Bittermandelöl, das gesiebte Mehl sowie das Backpulver zufügen. Alles mit dem Schneebesen schlagen und auf die Quarkmasse geben. Bei guter Mittelhitze backen und erkaltet mit einem Schokoguß überziehen. Dafür Zucker, Vanillezucker und Ei gut verrühren, den gesiebten Kakao und den Rum zufügen, weiter rühren. Kokosfett erhitzen, bis es flüssig ist, wieder abkühlen lassen und löffelweise zugeben. Rühren. Möglichst gleichmäßig verteilen.

Backzeit: 30 Minuten
Hitze: 180° C

Dieser Kuchen sieht sehr schön aus. Er schmeckt frisch am besten.

links: Eierlikörkuchen (Nr. 47), rechts: Trüffelkuchen (Nr. 60)

47. Eierlikörkuchen

Teig:
200 g Margarine, 200 g Zucker, 4 Eier, 200 g Mehl, 1/2 Backpulver, 2–3 gehäufte EL Kakao, 1 Spritzer Bittermandelöl, 100 g grob gehackte Walnüsse

Eierlikörcreme:
150 ml Wasser, 1 EL Zucker, 1/2 Vanillepudding, 150 g Butter, 100 g Puderzucker, 2 Eigelb, 100 g Kokosfett, 100 ml Eierlikör

Margarine und Zucker kräftig miteinander verrühren, die Eier hinzugeben und alles cremig schlagen. Mehl, Backpulver, Kakao und Bittermandelöl hinzufügen. Alles gut verrühren. Ein Backblech mit Backpapier auslegen, an der offenen Seite einen hohen Rand falten. Den Teig aufstreichen und mit den Walnüssen bestreuen, die während des Backens im Teig versinken. Bei kräftiger Mittelhitze backen. Die Teigplatte nach dem Backen stürzen und das Papier abziehen. Auskühlen lassen. Auf die Teigunterseite folgende Creme streichen: Aus 150 ml Wasser, 1 EL Zucker und 1/2 Puddingpulver Vanillegeschmack einen Pudding kochen und erkalten lassen. Inzwischen 150 g Butter, 100 g Puderzucker und 2 Eigelb schaumig schlagen. Den kühlen Pudding (gleiche Temperatur wie die Creme!) löffelweise dazugeben. Zuletzt das durch Erhitzen flüssig gewordene, aber wieder abgekühlte Kokosfett und den Eierlikör darunter ziehen. Diese Eierlikörcreme auf den Teigboden streichen und mit dem Garnierkamm Wellenlinien ziehen.

Backzeit: 10 Minuten
Hitze: 200°–220° C

48. »Eiscreme«-Kuchen

Teig:
200 g Margarine, 200 g Puderzucker, 4 Eier, 125 g Mehl, 125 g Speisestärke, 1 TL Backpulver, 1 Pr. Salz

»Eiscreme«:
400 ml Wasser, 1 Puddingpulver Himbeergeschmack, 1 Päckchen Götterspeise Himbeergeschmack, 4 EL Zucker, Saft von 1/2 Zitrone, 100 g Kokosfett, 100 g Margarine, 2 EL Puderzucker, 3 EL Getränkepulver Himbeergeschmack

Zitronenguß:
250 g Puderzucker, 1 EL heißes Wasser, 2 EL Zitronensaft, 80 g Kokosfett

Margarine und Puderzucker schaumig schlagen, die vier Eier zufügen, weiter rühren. Mehl, Speisestärke, Salz und Backpulver darüber sieben und kurz verrühren. Den Teig teilen. Zwei Kuchenbleche mit Backpapier auslegen, an der offenen Seite einen hohen Rand falten. Teig aufstreichen. Schön goldbraun backen. Noch heiß stürzen und das Papier abziehen. Auskühlen lassen.
Von 400 ml Wasser ca. 100 ml in ein hohes Gefäß gießen, darin das Puddingpulver Himbeergeschmack und das Götterspeisepulver anrühren. Das restliche Wasser mit 4 EL Zukker zum Kochen bringen, die Masse einrühren und einige Male unter ständigem Rühren aufwallen lassen. Zitronensaft zufügen und den Pudding abkühlen lassen.
Weiches Kokosfett, Margarine und Puderzukker weißcremig schlagen, löffelweise den Pudding unterschlagen (Pudding und Creme müssen die gleiche Temperatur haben!). Die Zugabe von 3 EL Getränkepulver Himbeergeschmack geben der Creme die intensive Farbe. Die »Eiscreme« auf einen ausgekühlten Teigboden steichen, den zweiten darauf setzen. Alles mit einem Zitronenguß überziehen. Dafür den gesiebten Puderzucker mit dem heißen Wasser verrühren, Zitronensaft und flüssiges Kokosfett zufügen, weiter rühren. Gleichmäßig verteilen. Mit bunten Zuckerstreuseln verzieren.

Backzeit: 8–10 Minuten
Hitze: 200°–220° C

Ein altes, sehr beliebtes Rezept, das etwas Zeit erfordert.

49. Konfitürenkuchen

Mürbeteig:
250 g Mehl, 125 g Margarine, 80 g Zucker, 1 Ei, 1 Pr. Salz, 1 gestrichener TL Backpulver

Füllung:
ein Glas Konfitüre (Aprikose oder Johannisbeere)

zweiter Teig:
150 g Zucker, 180 g Margarine, 3 Eier, 90 g Mehl, 90 g Speisestärke, 1/2 TL Backpulver, 3 EL Kaffeesahne

Schokoguß:
3 EL Zucker, 1 Päckchen Vanillezucker, 1 Ei, 2–3 EL Kakao, 125 g Kokosfett, 1–2 EL Rum

weiße Spritzglasur:
100 g Puderzucker, 1/2 Eiweiß, einige Tropfen Zitronensaft

Zunächst einen Mürbeteig bereiten. Mehl in eine Schüssel sieben. Margarineflöckchen, Zucker, Ei, Salz und Backpulver zugeben. Alles zu einem Teig verkneten. Den Teig 30 Minuten im Kühlschrank ruhen lassen, auf bemehlter Unterlage ausrollen und auf das gut gefettete Backblech legen. 1 Glas feste Konfitüre (Aprikose oder Johannisbeere) auf den Teig streichen.
Für den zweiten Teig 150 g Zucker und 180 g Margarine verrühren, die 3 Eier hineingeben, alles cremig schlagen. Mehl, Speisestärke, Backpulver und Kaffeesahne hinzufügen und weiter schlagen. Mit dem Löffel Häufchen davon auf die mit Marmelade bestrichene Teigfläche setzen, dann vorsichtig breit streichen, so daß die untere Teigplatte vollständig damit überzogen ist. Den Kuchen auf der unteren Schiene im Herd bei mehr Unter- als Oberhitze backen. Nach dem Abkühlen mit Schokoguß überziehen. Dafür das Kokosfett in einem Topf erwärmen, bis es flüssig ist. Inzwischen Zucker, Vanillezucker und den gesiebten Kakao mit dem Ei verrühren. Anschließend das etwas abgekühlte Kokosfett löffelweise darunterrühren. Zuletzt 1–2 EL Rum hinzufügen. Auf der glatten Schokoladenoberfläche mit weißer Spritzglasur Karos ziehen. Dazu wird die weiße Glasur mit ganz kleiner Tülle in zarten Linien diagonal in beiden Richtungen über den Kuchen gespritzt.

Backzeit: 30 Minuten
Hitze: 180° C

Schmeckt durchgezogen am besten; dieser Kuchen bleibt sehr lange frisch.

Konfitürenkuchen

50. Krawallkuchen

Teig:
4 Eier, 160 g Zucker, abgeriebene Schale von ½ ungespritzten Zitrone, 80 g Mehl, 80 g Speisestärke, 1 gestrichener TL Backpulver, 70 g Margarine

Belag:
200 g Butter, 50 g Puderzucker, 2 EL Kakao, 50 g Kokosfett, 4 EL Rum oder Weinbrand, 200 g Vollmilchschokolade, 20 Walnußkerne, 100 g Tortenkekse

Eier, Zucker und abgeriebene Zitronenschale verrühren, schaumig schlagen. Mehl, Speisestärke und Backpulver vorsichtig mit dem Schneebesen unterziehen. Zum Schluß die zerlassene, abgekühlte Margarine zufügen. Ein Kuchenblech mit Backpapier belegen, an der offenen Seite einen hohen Rand falten. Teig aufstreichen. Goldbraun backen. Noch heiß stürzen, das Papier abziehen. Abkühlen lassen. Folgende Creme auf die Unterseite streichen: Butter und Puderzucker cremig rühren, Kakao zufügen, das zerlassene, abgekühlte Kokosfett und den Rum unterrühren. Die Masse soll dickflüssig sein. Vollmilchschokolade zerbrechen und in winzige Bröckchen schneiden, Nüsse zerkleinern, Kekse zerbröckeln (nicht zu fein!) und alles mit der Creme vermischen. Die Masse auftragen und fest werden lassen.

Backzeit: 5–8 Minuten
Hitze: 250° C

Ein knackiger Kuchengenuß – und der Name ist durchaus treffend!

51. Magdalenenkuchen

Teig:
200 g Margarine, 200 g Puderzucker, 4 Eier, 125 g Mehl, 125 g Speisestärke, 1 TL Backpulver

Belag:
1 Glas Johannisbeermarmelade, Rohmarzipan

Buttercreme:
200 g Butter, 75g Puderzucker, 2 Eigelb, 1 Päckchen Vanillezucker, 2 EL Pudding (aus 200 ml Milch, 1 Soßenpulver Vanillegeschmack)

Schokoladenguß:
150 g bittere Schokolade, 50 Kokosfett, 1 TL Öl

Margarine und Puderzucker schaumig rühren, Eier zufügen, weiter rühren, bis die Masse cremig ist. Mehl, Speisestärke und Backpulver darüber sieben und unterziehen. Ein Kuchenblech mit Backpapier auslegen, an der offenen Seite einen hohen Rand falten. Den Teig aufstreichen, 10–15 Minuten bei starker Hitze backen. Heiß stürzen, das Papier abziehen. Auskühlen lassen. Auf die Teigunterseite eine dünne Schicht Johannisbeermarmelade streichen. Rohmarzipan auf Puderzucker ausrollen und als dünne Schicht darauf legen. Darüber Buttercreme streichen. Dafür die weiche Butter und den Puderzucker verrühren, 2 Eigelb, Vanillezucker und 3 EL Pudding hinzufügen, gut schlagen. Den Kuchen in kühlem Raum ruhen lassen, damit die Creme fest wird. Dünn mit einem Schokoladenguß überziehen. Dafür die Schokolade im Wasserbad schmelzen, das zerlassene Kokosfett und das Öl zugeben. Gut verrühren.

Backzeit: 10 Minuten
Hitze: 200°–220° C

In Thüringen wird der Kuchen gelegentlich auch ohne die Marzipanschicht zubereitet. Das entspricht zwar nicht dem Originalrezept, schmeckt aber auch gut. Magdalenenkuchen ist ein sehr zartes, wohlschmeckendes Gebäck.

52. Omas »Gefüllter«

Teig:
200 g Margarine, 200 g Zucker, 3 Eier,
1 Pr. Salz, 1 Backpulver, 500 g Mehl

Füllung:
1 l Milch, 4 EL Zucker, 2 Puddingpulver
Vanille- oder Mandelgeschmack, 50 g Butter

Schokoguß:
3 EL Zucker, 1 Päckchen Vanillezucker, 1 Ei,
2 EL Kakao, 125 g Kokosfett, 1 EL Rum, evtl.
1–2 EL Milch

Margarine, Zucker und Eier verrühren, Salz und das mit dem Backpulver vermischte Mehl zugeben. Zuerst rühren, dann alles zu einem Teig verkneten. Den Teig teilen und auf bemehlter Unterlage zwei dünne Böden ausrollen. Auf gut gefettete Backbleche legen. Nacheinander schön goldbraun backen.

Nach Vorschrift den Vanille- oder Mandelpudding kochen und die Butter in den heißen Pudding rühren. Sofort auf einen gebackenen, abgekühlten Boden streichen, den zweiten darauf setzen und mit einem Schokoguß überziehen. Dafür Zucker, Vanillezucker und Ei gut verrühren, den gesiebten Kakao und den Rum zufügen, weiter rühren. Kokosfett erhitzen, bis es flüssig ist, wieder abkühlen lassen und löffelweise zugeben. Rühren. Den Kuchen möglichst gleichmäßig bestreichen.

Backzeit: 8–10 Minuten
Hitze: 200° C

Ein altes, gutes Rezept! Leichter, wohlschmeckender und schnell zubereiteter Sonntagskuchen, besonders für Kinder geeignet.

53. Paradieskuchen

Teig:
180 g Margarine, 180 g Zucker, 3 Eier, 200 g Mehl, 1 TL Backpulver, abgeriebene Schale einer ungespritzten Zitrone, 1 Päckchen Vanillezucker, 1 Pr. Salz

Vanillebuttercreme:
375 ml Milch, 1 Puddingpulver Vanillegeschmack, 3 EL Zucker, 175 g Butter

Belag:
1 Päckchen Götterspeise Kirschgeschmack, 1 Päckchen Götterspeise Zitrone, 1 Päckchen Götterspeise Waldmeister, jeweils 4 EL Zucker, jeweils 400 ml Wasser

Margarine und Zucker verrühren, Eier zufügen und alles cremig schlagen. Mehl darüber sieben. Backpulver und Gewürze zugeben, kräftig rühren. Ein Kuchenblech mit Backpapier auslegen, an der offenen Seite einen hohen Rand falten. Den Teig aufstreichen, 10–15 Minuten bei starker Hitze backen. Heiß stürzen, das Papier abziehen. Auskühlen lassen.
Inzwischen die Vanillebuttercreme bereiten. Aus Milch und Puddingpulver einen steifen Pudding nach Vorschrift kochen. Erkalten lassen. 175 g weiche Butter schaumig schlagen, löffelweise den erkalteten Pudding zufügen. Weiter rühren. Die Creme soll ziemlich fest werden. Den Kuchen mit einem Drittel der Creme bestreichen. Zwei Drittel in einen Spritzbeutel füllen und mit mittelgroßer Sterntülle in ca. 2 Zentimeter Abstand diagonale Streifen auf den Kuchen tupfen. Die Zwischenräume mit roter, gelber und grüner Götterspeise füllen. Dazu die Götterspeise nach Vorschrift zubereiten, allerdings die Wassermenge verringern. Die Götterspeise erst unmittelbar vor dem Gelieren auf den Kuchen geben und sofort kalt stellen.

Backzeit: 10–15 Minuten
Hitze: 180°–200° C

Dieser farbige Kuchen belebt jede Tafel und ist für Kinderaugen eine wahre Freude.

54. Punschkuchen

Teig:
150 g Margarine, 120 g Zucker, 3 Eier, 120 g Mehl, 60 g Speisestärke, 1 TL Backpulver

Füllung:
3 EL rote Marmelade

Belag:
125 g Margarine, Pudding (aus 250 ml Milch, 1/2 Puddingpulver Vanillegeschmack), 700 g weiche Keks- oder Kuchenkrümel, 2 EL Marmelade, Saft von 1/2 Zitrone, 2 leicht gehäufte EL Kakao, Rumaroma, 4 EL Rum oder Weinbrand, 1 Messerspitze Salz

Schokoguß:
3 EL Zucker, 1 Päckchen Vanillezucker, 2 EL Kakao, 1 Ei, 125 g Kokosfett, 1–2 EL Weinbrand oder Rum

Margarine, Zucker und Eier kräftig verrühren, das gesiebte Mehl, die Speisestärke und das Backpulver darüber geben und zu einem Sandteig schlagen. Ein Kuchenblech fetten, mit Backpapier auslegen, vorn einen hohen Rand falten. Den Teig darauf streichen und backen. Noch heiß stürzen und das Papier abziehen. Auskühlen lassen. Den Kuchen dünn mit Marmelade bestreichen.
Die Margarine schaumig schlagen. Aus den Zutaten nach Vorschrift einen Pudding ohne Zucker kochen, erkalten lassen und löffelweise zur Margarine geben. Rühren! Diese Creme in eine große Schüssel füllen und die Kuchenreste oder sehr weiche Kekse darüber krümeln: Marmelade, Zitronensaft, Kakao, Rum oder Weinbrand und Salz zufügen. Alles zu einer geschmeidigen Masse verrühren. Mit dem Löffel Häufchen davon abstechen und in Abständen auf die mit Marmelade bestrichene Kuchenoberfläche geben. Diese Häufchen zuletzt mit dem Löffel breit drücken, so daß eine gleichmäßige Fläche entsteht.
Mit Schokoguß überziehen. Dafür Zucker, Vanillezucker, Kakao und Ei gut verrühren, das zerlassene, wieder abgekühlte Kokosfett zugeben. Mit Weinbrand oder Rum abschmecken.

Backzeit: 8 Minuten
Hitze: 250° C

Kuchenkrümel, Krümel aller Art, altbackener, trockener Rührkuchen finden Verwendung in diesem saftigen und schnell zubereiteten Kuchen.

55. Rhabarberkuchen

<u>*Teig:*</u>
300 g Mehl, 125 g Margarine, 125 g Zucker, 1 Ei, 1 Pr. Salz, abgeriebene Schale einer ungespritzten Zitrone, 1/2 TL Backpulver, 1 Päckchen Vanillezucker

<u>*Belag:*</u>
1 kg Rhabarber, 250 g Zucker, süße oder saure Sahne, 2 Puddingpulver Vanillegeschmack, 150 g Butter, 2–3 Eier

<u>*zum Verfeinern:*</u>
50 g Butter, 75 g Puderzucker

Zunächst den frischen Rhabarber putzen, waschen und in Würfel schneiden. In eine Schüssel geben, den Zucker darüber schütten und über Nacht so stehen lassen. Am nächsten Tag den Rhabarber gut abtropfen lassen.
Mehl, kalte Margarine, Zucker, Ei, Gewürze und Backpulver zu einem Mürbeteig verkneten. 30 Minuten kühl stellen, dann ausrollen und ein gut gefettetes Blech damit belegen. Den abgetropften Rhabarbersaft mit der Sahne zu einem halben Liter Flüssigkeit auffüllen. Zwei Puddingpulver in wenig Wasser anrühren, mit der Sahne-Rhabarber-Flüssigkeit zu einem steifen Pudding kochen. Noch heiß die Butter unterrühren, abkühlen lassen, dann die Eier unterschlagen. Die Rhabarberstücken mit dem Pudding vermischen und alles auf den Teigboden streichen. Backen. Erkalten lassen, buttern und mit Puderzucker bestäuben.

Backzeit: 20–30 Minuten
Hitze: 200° C

56. Ringelkuchen

<u>*Biskuitteig:*</u>
5 Eier, 125 g Zucker, 200 g Mehl, 1/2 Backpulver, 75 g Margarine

<u>*Belag:*</u>
1 Glas Sauerkirschmarmelade

<u>*Mürbeteig:*</u>
250 g Mehl, 125 g Margarine, 75 g Zucker, 1 Ei, 1 Päckchen Vanillezucker, 1 TL Backpulver, 1 Pr. Salz

<u>*Creme:*</u>
400 ml Milch, 2 EL Zucker, 1 Puddingpulver Vanillegeschmack, 150 g Butter

<u>*oberer Belag:*</u>
800 ml Wasser, 7 EL Zucker, 2 Päckchen Götterspeise (entweder in einer oder in mehreren Farben)

Zuerst eine Biskuitrolle backen. Dazu die Eier mit dem Zucker schaumig schlagen, vorsichtig das gesiebte Mehl und das Backpulver unterheben und die zerlassene Margarine unterziehen. Ein Kuchenblech mit Backpapier auslegen, an der offenen Seite einen hohen Rand falten. Den Teig aufstreichen, 10–15 Minuten bei starker Hitze backen. Heiß stürzen, das Papier abziehen. Sofort die Marmelade aufstreichen und zusammenrollen. Ist der Teig zu kalt, bricht er. Die Biskuitrolle auskühlen lassen.
Inzwischen den Mürbeteig bereiten. Mehl in eine Schüssel sieben. Margarineflöckchen, Zucker, Ei, Backpulver und Gewürz zugeben. Alles zu einem Teig verkneten. Den Teig

Ringelkuchen

30 Minuten im Kühlschrank ruhen lassen, auf bemehlter Unterlage ausrollen und auf das gut gefettete Backblech legen. Schön goldbraun backen. Auskühlen lassen.
Aus Milch, Zucker und Puddingpulver einen steifen Vanillepudding kochen, unter Rühren abkühlen lassen. Die weiche Butter schaumig schlagen, den abgekühlten Pudding löffelweise dazugeben, verrühren. Diese Vanillecreme auf den Mürbeteig streichen. Die Biskuitrolle in gleich schmale Scheiben schneiden und auf die Creme legen.
Götterspeise nach Vorschrift (Wassermenge reduziert!) zubereiten und beim Gelieren auf den Kuchen geben. Alle Zwischenräume sollen ausgefüllt und die Biskuitkringel bedeckt sein.

Backzeit für Biskuitrolle: 10–15 Minuten
Hitze: 250° C
Backzeit für Mürbeteig: 15 Minuten
Hitze: 200° C

Ein ganz altes Rezept, das sich wegen seiner Attraktivität bis heute auf jeder Festtafel bewährt hat!

57. Schnapskuchen

Mürbeteig:
250 g Mehl, 125 g Margarine, 125 g Zucker, 1 Pr. Salz, 1 gestrichener TL Backpulver, 1 Ei

Buttercreme:
400 ml Milch, 1 Vanillepudding, 3 EL Zucker, 150 g Butter

Belag:
300 g Tortenkekse, 4 Gläschen Rum

für den Schokoguß:
3 El Zucker, 1 Päckchen Vanillezucker, 1 Ei, 2–3 EL Kakao, 125 g Kokosfett, 1–2 EL Rum

Mehl in eine Schüssel sieben. Margarineflöckchen, Zucker, Gewürz und Backpulver zugeben. Ei hinzufügen und alles zu einem Teig verkneten. Den Teig 30 Minuten im Kühlschrank ruhen lassen, auf bemehlter Unterlage ausrollen und auf das gut gefettete Backblech legen. Schön goldbraun backen. Aus Milch, 3 EL Zucker und dem Puddingpulver nach Grundrezept einen Vanillepudding bereiten und abkühlen lassen. 150 g Butter cremig schlagen und dabei löffelweise den Pudding zufügen. Butter und Pudding müssen die gleiche Temperatur haben! Die fertige Buttercreme möglichst gleichmäßig auf die gebackene, abgekühlte Teigplatte streichen.
Für den Belag den Rum in eine flache Schüssel füllen, die Kekse mit der Unterseite kurz eintauchen. Sie dürfen nicht zerfallen oder aufweichen. Die Kekse dann dicht nebeneinander auf die Buttercreme-Schicht legen.
Alles mit einem Schokoguß überziehen. Dafür das Kokosfett in einem Topf erwärmen, bis es flüssig ist. Inzwischen Zucker, Vanillezucker und den gesiebten Kakao mit einem Ei verrühren. Anschließend das etwas abgekühlte Kokosfett löffelweise darunterrühren. Zuletzt 1–2 EL Rum hinzufügen.

Backzeit: 10–15 Minuten
Hitze: 180°–200° C

Besonders wohlschmeckend und sehr empfehlenswert! Einer der besten unter den Kuchen, deftig, cremig und sehr würzig. Das Rezept ist schon sehr alt, der Kuchen aber jung geblieben.

58. Schneewittchenkuchen

Teig:
180 g Margarine, 180 g Zucker, 3 Eier, 5 EL Milch, 375 g Mehl, 1/2 Backpulver, 1 EL Kakao

Belag:
750 g entsteinte Sauerkirschen aus der Konserve

Creme:
500 ml Sauerkirschsaft (evtl. mit Wasser auffüllen), 1 1/2 Puddingpulver Kirschgeschmack, 6 EL Zucker, 150 g Butter, 50 g Hartfett

Schokoladenguß:
175 g Kuvertüre, 50 g Kokosfett, 1 EL Öl

Margarine und Zucker kräftig schlagen, mit den Eiern und der Milch gut verrühren. Mehl und Backpulver dazugeben. Alles zu einem Teig verrühren. Den Teig teilen. Einem Drittel des Teigs 1–2 EL Milch zugeben und mit dem Kakao dunkel färben. Ein Kuchenblech gut fetten. Aus Backpapier an der offenen Seite einen hohen Rand falten. Zuerst den hellen Teig ganz glatt aufstreichen. Löffelweise vorsichtig die dunkle Teigmasse darübergeben. Die Sauerkirschen auflegen und backen.
Vom Sauerkirschsaft etwas Flüssigkeit abnehmen, das Puddingpulver anrühren und nach Vorschrift einen Pudding kochen. Erkalten lassen. Die Butter schaumig rühren, nach und nach den erkalteten Pudding zugeben und gut verrühren.
Die Sauerkirschcreme auf den Kuchen streichen. Mit Schokoladenguß überziehen. Dafür die Schokolade im Wasserbad schmelzen, das zerlassene Kokosfett und das Öl unterrühren.

Backzeit: 25–30 Minuten
Hitze: 180°–200° C

Ein lockerer und schnell zubereiteter Kuchen.

59. Schoko-Mint-Kuchen oder Hexenkuchen

Teig:
200 g Margarine, 200 g Puderzucker, 4 Eier, 1 Päckchen Vanillezucker, 125 g Mehl, 125 g Speisestärke, 1 TL Backpulver, 2 EL Kakao

Mint-Creme:
375 ml Wasser, 4 EL Zucker, 1 Puddingpulver Vanillegeschmack, 1 grüne Götterspeise, 100 g Butter, 100 g Kokosfett, 1/8 l Pfefferminzlikör, Puderzucker zum Abschmecken.

Margarine, gesiebten Puderzucker und Eier cremig rühren. Vanillezucker, Mehl, Speisestärke und Backpulver dazugeben. Alles kräftig zu einem Teig schlagen. Den Teig teilen. Eine Hälfte mit dem Kakao dunkel färben. Ein Kuchenblech mit Backpapier auslegen, an der offenen Seite einen hohen Rand falten. Zuerst den dunklen Teig ganz glatt aufstreichen. Löffelweise vorsichtig die helle Teigmasse darüber

Schoko-Mint-Kuchen

geben. Die beiden Teigschichten sollen möglichst nicht miteinander vermischt werden. Backen. Heiß stürzen, das Papier abziehen.
Für die Mint-Creme von dem Wasser eine Tasse voll wegnehmen, darin den Vanillepudding und das Götterspeisepulver zusammen anrühren. Den Rest Wasser mit dem Zucker zum Kochen bringen, die angerührte Masse hineingießen und kurz aufwallen lassen. Sofort vom Herd nehmen. Butter und Kokosfett unter die heiße Masse schlagen. Pfefferminzlikör zugeben. Mit gesiebtem Puderzucker abschmekken. Die Mint-Creme auf die dunkle Unterseite des Kuchens streichen.

Backzeit: 20 Minuten
Hitze: 200° C

Der Kuchen wird stets in Gesellschaft mit anderen gebacken, weil er für einen augenfälligen Kontrast sorgt.

60. Trüffelkuchen

Teig:
200 g Margarine, 200 g Zucker, 4 Eier, 200 g Mehl, 4 EL Kakao, 1/2 Päckchen Backpulver, 3 EL Milch

Trüffelcreme:
200 g Butter, 2 EL Kakao, 1 Eigelb, 1 Päckchen Vanillezucker, 1/2 Fläschchen Rumaroma, 100 g Vollmilchschokolade

Margarine und Zucker kräftig schlagen, mit den Eiern gut verrühren. Mehl, Kakao sieben und mit dem Backpulver dazugeben. Milch zufügen, alles kurz und kräftig zu einem geschmeidigen Teig verrühren. Ein Kuchenblech mit Backpapier auslegen. An der offenen Seite einen hohen Rand falten. Den Teig ganz glatt aufstreichen und bei guter Mittelhitze backen. Heiß auf einen Kuchendeckel stürzen und das Papier abziehen. Auskühlen lassen.
Inzwischen 200 g Butter schaumig schlagen, gesiebten Kakao, Eigelb, Vanillezucker und Rumaroma zufügen. Kräftig rühren. Vollmilchschokolade im Wasserbad zerlassen und etwas abgekühlt vorsichtig unterrühren. Die Creme auf die glatte Unterseite des Kuchens streichen und mit dem Garnierkamm in Wellen über den Kuchen fahren.

Backzeit: 10 Minuten
Hitze: 220° C

Besonders feiner Kuchen mit Pralinencharakter!

61. Teufelskuchen

Teig:
180 g Margarine, 180 g Zucker, 3 Eier,
160 g Mehl, 3 EL Kakao, 1 TL Backpulver

1. Füllung:
2 Eiweiß, 150 g Puderzucker, 150 g Kokosraspeln, 100 Kokosfett

2. Füllung:
700 ml Wasser, 2 Päckchen rote Götterspeise,
5 EL Zucker

3. Füllung:
375 ml Milch, 2 EL Zucker, 1 Puddingpulver Vanillegeschmack, 150 g Butter

Schokoladenguß:
150 g bittere Schokolade, 50 g Kokosfett,
1 TL Öl

Margarine und Zucker kräftig schlagen, mit den Eiern gut verrühren. Mehl, Kakao sieben und mit dem Backpulver dazugeben. Alles zu einem sehr cremigen Teig verrühren. Ein Kuchenblech mit Backpapier auslegen. An der offenen Seite einen hohen Rand falten. Den Teig ganz glatt aufstreichen und bei guter Mittelhitze backen. Heiß auf einen Kuchendeckel stürzen und das Papier abziehen. Auskühlen lassen.
Alle Füllungen auf der glatten Teigunterseite nacheinander auftragen:
Die Eiweiß cremig (nicht steif!) schlagen, den gesiebten Puderzucker und die Kokosraspeln untermischen. Kokosfett zerlassen, etwas abkühlen lassen und vorsichtig unterheben. Diese blütenweiße Kokosmasse auf den dunklen Teig streichen.
Mit 700 ml Wasser (reduzierte Wassermenge!) Götterspeise nach Vorschrift zubereiten und kurz vor dem Gelieren vorsichtig auf die Kokosmasse auftragen. Erstarren lassen.
Einen steifen Vanillepudding kochen (Milchmenge verringert!) und abkühlen lassen. Butter schaumig schlagen und den Pudding löffelweise dazugeben. Rühren. Die Buttercreme dünn auf die fest gewordene Götterspeise auftragen.
Für den Schokoladenguß die Schokolade im Wasserbad schmelzen, das zerlassene Kokosfett und das Öl zufügen. Gut verrühren. Die möglichst kühle und feste Buttercreme vorsichtig damit überziehen.
Der Kuchen mit seinen fünf Schichten unterscheidet sich in der Höhe nicht von den übrigen, denn alle Schichten müssen ganz dünn sein!

Backzeit: 10–15 Minuten
Hitze: 180°–200° C

Ein beliebter Kuchen, der nicht ganz so aufwendig ist, wie es zunächst aussieht. Mit seinem raffinierten Äußeren und dem feinen Geschmack hat er auf jedem Fest eine Chance.

62. Zitronencreme-Kuchen

<u>Teig:</u>
5 Eier, 200 g Zucker, 125 g Mehl, 125 g Speisestärke, 1 TL Backpulver, abgeriebene Schale einer ungespritzten Zitrone, 90 g Margarine, rote Kuchenfarbe

<u>Zitronencreme:</u>
300 ml Milch, 1 Puddingpulver Vanillegeschmack, 4 EL Zucker, 50 g Kokosfett, 200 g Margarine, Saft einer Zitrone, abgeriebene Schale einer ungespritzten Zitrone, Puderzucker zum Abschmecken

<u>weißer Zitronenguß:</u>
1 Eiweiß, 100 g Puderzucker, 1 EL Zitronensaft, 100 g Kokosfett

Zitronencreme-Kuchen

Die Eier mit dem Zucker schaumig schlagen, vorsichtig das gesiebte Mehl, Speisestärke und Backpulver unterheben und verrühren. Abgeriebene Zitronenschale zufügen. Die Margarine zerlassen, abkühlen lassen und unterziehen. Den Teig teilen, eine Hälfte mit roter Kuchenfarbe rosa färben. Zwei Kuchenbleche mit Backpapier auslegen, jeweils an der offenen Seite einen hohen Rand falten. Den Teig aufstreichen und die beiden Böden sofort 5–8 Minuten bei starker Hitze backen. Heiß stürzen, das Papier abziehen. Auskühlen lassen.
Auf die Unterseite der hellen, ungefärbten Teigplatte die Zitronencreme streichen. Dafür einen Vanillepudding nach Vorschrift kochen (Milchmenge reduziert!), Kokosfett in den heißen Pudding rühren und abkühlen lassen. Die Margarine mit Zitronensaft und abgeriebener Zitronenschale schaumig schlagen, löffelweise den abgekühlten Pudding zufügen, kräftig rühren und zuletzt mit gesiebtem Puderzucker abschmecken.
Die rosa Teigplatte auf die mit Buttercreme überzogene helle Teigplatte setzen. Alles mit Zitronenguß überziehen. Das Eiweiß nahezu, nicht ganz steif schlagen, den gesiebten Puderzucker unterrühren, Zitronensaft und zerlassenes, abgekühltes Kokosfett dazugeben. Rühren. Dieser Guß wird erst am nächsten Tag fest!

Backzeit: 5–8 Minuten
Hitze: 250° C

Eine erfrischende Leckerei!

63. Altmodischer Schokoladenkuchen

Teig:
200 g Margarine, 200 g Zucker, 3 Eier, 300 g Mehl, 50 g Kakao, 1 Pr. Salz, Bittermandelöl, abgeriebene Schale einer ungespritzten Zitrone, 1/2 Tasse Milch, 1 TL Hirschhornsalz

Zitronenguß:
350 g Puderzucker, 150 g Butter, Saft einer Zitrone, 1 EL kochendes Wasser

Belag:
geraspelte Schokolade

Margarine, Zucker und Eier gut verrühren. Mehl, Kakao, Salz, Bittermandelöl und Zitronenschale dazugeben. In der kalten Milch das Hirschhornsalz auflösen. Alles kräftig zu einem Teig verrühren. Ein Kuchenblech mit Backpapier auslegen, an der offenen Seite einen hohen Rand falten. Den Teig aufstreichen, 5–10 Minuten bei starker Hitze backen. Heiß stürzen, das Papier abziehen. Erkalten lassen. Mit Zitronenguß überziehen. Dafür den gesiebten Puderzucker und die heiße, zerlassene Butter verrühren, Zitronensaft und kochendes Wasser zufügen und so lange rühren, bis eine dickflüssige Creme entstanden ist. Den Zitronenguß mit geraspelter Schokolade verzieren.

Backzeit: 10–15 Minuten
Hitze: 250° C

64. Hirschhornkuchen

Teig:
200 g Zucker, 3 Eier, 200 g weiche Margarine, 300–350 g Mehl, 1 TL Hirschhornsalz, 1/2 Tasse Milch, 1 Pr. Salz, abgeriebene Schale von einer ungespritzten Zitrone

würziger Schokoladenguß:
1 Ei, 3 gehäufte EL Zucker, 3 EL Kakao, 1 Päckchen Vanillezucker, 125 g Kokosfett, 2–3 EL Milch, 1 TL Instant-Bohnenkaffee-Pulver

als Garnitur:
bunte Zuckerstreusel

Zucker und Eier kräftig rühren, die weiche Margarine zugeben, weiter rühren. Das Mehl darüber sieben, Hirschhornsalz in der kalten Milch auflösen und mit den Gewürzen zufügen. Kräftig rühren. Den nicht zu weichen Teig auf ein gut gefettetes Blech streichen, gegebenenfalls mit der Hand breitdrücken. Bei starker Hitze 5–10 Minuten backen. Nach dem Erkalten dick mit Schokoladenguß überziehen. Dafür das Ei mit Zucker, Vanillezucker und dem gesiebten Kakao cremig rühren, das zerlassene, abgekühlte Kokosfett vorsichtig unterrühren. Zum Schluß Milch und Kaffeepulver hinzufügen. Mit bunten Streuseln verzieren.

Backzeit: 5–10 Minuten
Hitze: 300° C

Ein ganz altes Rezept, das auch heute noch sehr beliebt ist.

65. Marzipankuchen

Teig:
180 g Butter, 180 g Zucker, 3 Eier,
225 g Mehl, 50 g Kakao, 1 TL Natron,
150 ml saure Sahne

Belag:
250 g Butter, 200 g Zucker, 250 g geriebene Mandeln, 2 EL Rum, 1/2 Fläschchen Bittermandelöl, 1/2 Tasse Milch

Schokoguß:
3 EL Puderzucker, 1 Ei, 2 EL Kakao,
125 g Kokosfett, 2 EL Rum

Butter, Zucker und Eier kräftig rühren, schaumig schlagen. Mehl und Kakao darüber sieben. Das Natron in der sauren Sahne auflösen, zufügen und alles gut verrühren. Auf ein reichlich gefettetes Backblech streichen und backen. Auskühlen lassen.
250 g Butter zerlassen, 200 g Zucker darin aufkochen, vom Herd nehmen, Mandeln und Milch einrühren, nochmals aufkochen und ausquellen lassen. Rum und Bittermandelöl nach Geschmack zufügen und die Masse sehr rasch auf dem gebackenen Boden verteilen.
Mit einem Schokoguß überziehen. Dafür den gesiebten Puderzucker mit dem Ei gut verrühren, den gesiebten Kakao und den Rum zufügen, weiter rühren. Kokosfett erhitzen, bis es flüssig ist, wieder abkühlen lassen und löffelweise zugeben. Rühren. Möglichst gleichmäßig verteilen.

Backzeit: 10–15 Minuten
Hitze: 250° C

Ein sehr altes Rezept für einen schmackhaften Kuchen, der bis heute wegen seines feinen Geschmacks überlebt hat.

66. Pralinenkuchen

Teig:
250 g Margarine, 300 g Zucker, 4 Eier,
200 g Mehl, 1 EL Instant-Bohnenkaffee,
3 EL Kakao, 75 g gemahlene Mandeln,
200 ml saure Sahne, 1 leicht gehäufter TL Natron

Belag:
200 g Puderzucker, 3 EL Kakao, 100 g Kokosfett, 3 EL heiße Milch, 2 EL Weinbrand,
1/2 Fläschchen Rumaroma

Garnitur:
100 g Puderzucker, 3 EL heißes Wasser

Margarine und Zucker schaumig schlagen. Eier zufügen und weiter schlagen. Mehl, gesiebten Kakao, gemahlene Mandeln, Kaffee hinzufügen. In der sauren Sahne das Natron auflösen und alles zu einem Teig verrühren. Ein Kuchenblech mit Backpapier auslegen, an der offenen Seite einen hohen Rand falten. Den Teig aufstreichen, 10–15 Minuten bei starker Hitze backen. Heiß stürzen, das Papier abziehen. Auskühlen lassen.
Mit folgendem Guß überziehen: Puderzucker und Kakao sieben, mit dem erwärmten, flüssigen Kokosfett verrühren. Heiße Milch, Weinbrand und Rumaroma unterrühren. Die glän-

zende, dicke Masse gleichmäßig auf dem Kuchen verteilen und fest werden lassen. Für die Garnitur den gesiebten Puderzucker mit heißem Wasser zu einem dickflüssigen Zuckerguß verrühren, in einen Spritzbeutel füllen und mit der kleinsten Tülle Querstreifen in ca. 2 cm Abstand auf den Kuchen spritzen. Dann schnell mit dem Messerrücken längs durchziehen, von vorn nach hinten und umgekehrt.

Backzeit: 10–15 Minuten
Hitze: 250° C

Ein altes, gutes Rezept! Locker, süß und saftig ist der Pralinenkuchen etwas ganz Feines.

67. Prophetenkuchen

Teig:
6 Eigelb, 6 EL Öl, 6 EL Mehl (ca. 100 g), 6 EL Rum oder Weinbrand (40 %ig)

Belag:
150 g Butter, 2 Päckchen Vanillezucker, 100–150 g Puderzucker

Die Backröhre auf größte Hitze vorheizen. Die Eigelb werden so lange geschlagen, bis sich die Masse verdoppelt hat. Öl unterrühren, damit der Teig dick wird. Mehl darüber sieben und Rum bzw. Weinbrand zugeben. Alles kurz, aber sehr kräftig schlagen. Diese Masse auf ein sehr gut gefettetes Blech streichen und bei stärkster Hitze 5–8 Minuten backen. Während des Backens bilden sich Blasen und Wellen. Der Kuchen darf nicht braun werden, er muß gelb aussehen! Auskühlen lassen. Den erkalteten Kuchen dick mit zerlassener Butter bepinseln; die Butter muß auf dem Kuchen »stehen«. Mit Vanillezucker bestreuen. Wenn die Butter fest ist, Puderzucker darüber sieben.

Backzeit: 5–8 Minuten
Hitze: 250° C und mehr

Ein ganz altes Rezept, blitzschnell zuzubereiten, das noch immer den Blickfang auf jeder Kaffeetafel bildet. Gebutterte, gezuckerte Kuchenstücke, im geschlossenen Gefäß aufbewahrt, bleiben lange frisch.

Prophetenkuchen

68. Sahne-Nougat-Kuchen

Teig:
200 g Margarine, 250 g Zucker, 4 Eier, 200 g Mehl, 125 g geriebene Mandeln, 200 ml saure Sahne, 1 TL Natron, 2–3 EL Kakao

Nougatcreme:
125 g Butter, 75 g Puderzucker, 1 großes Ei oder 2 kleine Eier, 100 g Nougat (Stangen oder Creme), 1–2 EL Kakao, 125 g Kokosfett

Margarine, Zucker und Eier gut verrühren. Mehl und Mandeln dazugeben. In der sauren Sahne das Natron auflösen und zugeben. Den Kakao hinzufügen und alles zu einem Teig verrühren. Ein Kuchenblech mit Backpapier auslegen, an der offenen Seite einen hohen Rand falten. Den Teig aufstreichen, 10–15 Minuten bei starker Hitze backen. Heiß stürzen, das Papier abziehen. Erkalten lassen.
Für die Nougatcreme Butter und den gesiebten Puderzucker cremig schlagen, Ei zugeben, Nougatcreme oder erwärmte Nougatstangen und Kakao zufügen, gut verrühren. Zuletzt das zerlassene, abgekühlte Kokosfett darunter schlagen. Die Nougatcreme auf den Kuchen streichen und die Oberfläche mit der Gabel verzieren.

Backzeit: 10–15 Minuten
Hitze: 220°–250° C

Ein feiner, einige Tage haltender Kuchen. Er kann schon vor dem Fest gebacken werden.

69. Tante Ellys guter Schokoladenkuchen

Teig:
250 g Mehl, 250 g Margarine, 250 g Zucker, 1 Ei, 1 TL Hirschhornsalz, 2 EL Milch, 75 g Kakao, 100 g gemahlene Mandeln

Schokoladenguß:
150 g Vollmilchschokolade, 1 TL Öl, 50 g Kokosfett oder Kuvertüre
oder
150 g weiße Schokolade, 1 TL Öl, 50 g Kokosfett und Schokoraspel als Verzierung

Mehl in eine Schüssel sieben. Margarineflöckchen, Zucker und Ei hinzufügen. Das Hirschhornsalz in der kalten Milch auflösen und hinzugeben. Rühren. Zuletzt Kakao und Mandeln unter den Teig arbeiten. Den Teig auf ein gut gefettetes Backblech streichen. Bei sehr starker Hitze backen. Auskühlen lassen.
Die Schokolade mit dem Fett möglichst im Wasserbad erhitzen, bis alles flüssig ist. Gut verrühren und auf den Kuchen streichen.

Backzeit: 10–15 Minuten
Hitze: 250° C

Dieser Kuchen wird von Tag zu Tag besser. Er hält sich sehr lange und ist mit seinem Schokoladenguß eine wahre Köstlichkeit.

Tante Ellys guter Schokoladenkuchen

Briskeln
(Schwarz-Weiß-Gebäck)

Teig:
125 g Puderzucker, 250 g Margarine oder Butter, 375 g Mehl, 2 EL Kakao, 1 Päckchen Vanillezucker oder abgeriebene Schale einer ungespritzten Zitrone

Puderzucker sieben und mit der Margarine verrühren. Das Mehl unterkneten. Den Teig teilen. Die Hälfte davon mit dem Kakao dunkel färben.
Hellen und dunklen Teig nicht zu dünn auf Zucker ausrollen, daß rechteckige Teigplatten entstehen (evtl. zurechtschneiden). Muster legen. Dafür die beiden Teigplatten aufeinander legen und beide zusammen einrollen. In Zukker wälzen und im Kühlschrank über Nacht ruhen lassen. Am nächsten Tag in nicht zu dicke Scheiben schneiden (0,5 cm) und auf ein Backblech legen.

Oder:
Hellen und dunklen Teig in schmale Streifen (so breit wie hoch) schneiden. Jeweils einen hellen und einen dunklen Streifen zuerst abwechselnd nebeneinander, dann übereinander legen, so daß im Querschnitt ein Schachbrett-Muster entsteht. Den Teigquader in Zucker wenden und über Nacht kühl stellen. Dann in nicht zu dicke Scheiben schneiden (0,5 cm). Auf ein Backblech legen.

Oder:
Vom dunklen Teig eine gleichmäßige Rolle formen, in hellen Teig einrollen. Weiter wie oben.

Backzeit: 10–15 Minuten
Hitze: 180°–200° C

Kokos-Eckchen

Teig (ca. 3/4 Blech):
100 g Margarine oder Butter, 75 g Zucker, 1 Ei, 1 Pr. Salz, 1 TL Zitronensaft, 250 g Mehl, 1 Messerspitze Backpulver

Belag:
1 Glas Aprikosenmarmelade, 150–200 g Kokosraspeln, 150 g Zucker

Schokoladenguß:
150 g Schokolade oder Kuvertüre

Margarine schaumig rühren, Zucker und Ei zufügen, kräftig schlagen. Gewürze zugeben. Mehl und Backpulver vermischen, darüber sieben und einen Teig kneten. Ausrollen und auf ein gut gefettetes Blech legen. Den Teigboden dick mit Aprikosenmarmelade bestreichen. Reichlich Kokosraspeln und Zucker darüber streuen. Backen. Noch warm in Streifen und die in Dreiecke schneiden. Jeweils eine Ecke mit Schokoladenglasur überziehen.

Backzeit: 15–20 Minuten
Hitze: 180°–200° C

Nußblätter

Teig:
100 g Butter, 50 g Puderzucker, 1 kleines Ei, 200 g Mehl, 1 Messerspitze Backpulver, 1 Pr. Salz, 1 TL Zitronensaft

Belag:
rote Marmelade, Walnußstückchen

Schokoladenguß:
150 g Schokolade oder Kuvertüre

Butter schaumig schlagen, den gesiebten Puderzucker und das Ei unterrühren. Das Mehl mit dem Backpulver mischen und dazugeben. Gewürze zufügen und einen nicht zu festen Teig kneten. Schön dünn ausrollen und Blätter ausstechen. Bei Mittelhitze backen. Wenden und auskühlen lassen. Die Unterseite der Plätzchen mit roter Marmelade bestreichen und mit groben Walnußstückchen belegen. Für den Guß die Schokolade im Wasserbad erhitzen und so auf die Plätzchen träufeln, daß die Nüsse fest halten, aber von der Marmelade noch etwas zu sehen ist.

Backzeit: 10 Minuten
Hitze: 180° C

Schwalbennester mit Makronenkranz

Teig:
125 g Margarine oder Butter, 75 g Zucker, 1 Ei, 250 g Mehl, 1 Pr. Salz, 1 TL Zitronensaft

Füllung:
Aprikosenmarmelade

Makronenmasse:
1 Eiweiß, 60 g Zucker, 60 g feingemahlene Mandeln

Butter und Zucker kräftig rühren. Das Ei einarbeiten und das Mehl darüber sieben. Salz und Zitronensaft hinzufügen und zu einem Mürbeteig kneten. Den Teig im Kühlschrank rasten lassen, dann auf bemehlter Unterlage ausrollen. Runde Plätzchen ausstechen.
Für die Makronenmasse das Eiweiß mit Zukker und Mandeln bei gelinder Wärme solange in einem Topf rühren, bis die Masse gut gebunden ist. Sie darf weder kochen noch zu fest werden! Die Makronenmasse etwas abkühlen lassen und in einen Spritzbeutel füllen. Mit mittelgroßer Sternentülle Ringe auf die ausgestochenen Plätzchen spritzen. In die Mitte jeweils einen TL Marmelade geben. Bei guter Mittelhitze backen. Auskühlen lassen.

Backzeit: 15–20 Minuten
Hitze: 150°–180° C

Diese Plätzchen werden mit der Zeit immer besser. Sie sollten lange vor dem Fest gebacken werden!

Storchennester

Teig:
100 g Margarine oder Butter, 50 g Puderzucker, 1 kleines Ei, 200 g Mehl, 1 Messerspitze Backpulver, 1 Pr. Salz, 1 TL Zitronensaft

Belag:
rote Marmelade

Zitronenglasur:
100 g Puderzucker, 1 TL Zitronensaft, 25 g Kokosfett, 1 TL heißes Wasser

Butter schaumig schlagen, den gesiebten Staubzucker und das Ei unterrühren. Das Mehl mit dem Backpulver mischen und dazugeben. Gewürze zufügen und einen nicht zu festen Teig kneten. Schön dünn ausrollen. In gleicher Zahl runde Plätzchen und gleich große Ringe ausstechen. Plätzchen und Ringe jeweils getrennt auf einem Blech schön goldgelb backen. Auskühlen lassen. Die Unterseite der Plätzchen mit roter Marmelade bestreichen und die Ringe darauf setzen. Für den Zitronenguß den gesiebten Puderzucker mit dem Zitronensaft verrühren. Das zerlassene Kokosfett unterrühren, zuletzt bei Bedarf etwas heißes Wasser zugeben. Diese Zitronenglasur so über die Plätzchen streichen, daß noch etwas von der Marmelade zu sehen ist.

Backzeit Ringe: 8 Minuten
Backzeit Plätzchen: 10 Minuten
Hitze: 180° C

Sternchen

Teig:
50 g Puderzucker, 200 g Margarine, 250 g Mehl, 1 Päckchen Vanillezucker, rote Kuchenfarbe, 1 EL Kakao

Den gesiebten Puderzucker mit der weichen Margarine verrühren, Mehl, Vanillezucker dazugeben und einen geschmeidigen Teig kneten. Den Teig dritteln. Einen Teil so belassen, einen Teil mit Kuchenfarbe rosa und einen weiteren mit Kakao dunkel färben. Den hellen Teig zuerst in einen Spritzbeutel nehmen und auf ein gut gefettetes Blech in Abständen einen Tupfer setzen. Dann den rosa Teig direkt neben den hellen Teig tupfen. Zuletzt jeweils einen dunklen Teigtupfer so dazusetzen, daß Dreiecke entstehen. Backen.

Backzeit: 10–15 Minuten
Hitze: 180°–200° C

Aus der »Trickkiste« einer Thüringer Backfrau

✧ Biskuitteig gelingt besser, wenn die Eier vor dem Schlagen angewärmt werden. Am besten legt man sie eine Weile in lauwarmes Wasser.

✧ Es ist günstiger, ein Backblech auch dann einzufetten, wenn man Backpapier oder Pergamentpapier auflegen will. Das Papier rutscht nicht auf dem Blech, und der Kuchenteig – Rührteig oder Biskuit – läßt sich leichter aufstreichen.

✧ Für das Gelingen von Buttercreme ist allein ausschlaggebend, daß die schaumig geschlagene Butter und der steif gekochte, abgekühlte Pudding die gleiche Temperatur haben. Am besten bewahrt man beides vor der Weiterverarbeitung längere Zeit im gleichen Raum auf.

✧ Buttercreme, die auf Obstkuchen kommen soll, muß süßer sein, als wenn sie für eine normale Tortenfüllung gedacht ist. Erst aus dem Gegensatz von meist säuerlichem Obst und der sehr süßen Creme bekommt der Kuchen seinen guten Geschmack.

✧ Geleeguß aus Götterspeise gelingt nur bei Raumtemperaturen unter 23 Grad Celsius. Die mit Götterspeise verschönerten Kuchen kann man also höchst selten im Hochsommer zubereiten.

✧ Nicht jeder Schokoladenguß eignet sich für jeden Kuchen. Entscheidend ist jeweils, ob er auf eine trockene, cremige oder feuchte Unterlage trifft. Für trockene Kuchen hat sich ein üppiger, selbstbereiteter Schokoguß aus Kakao, Puderzucker, Ei und Kokosfett bewährt. Auf Buttercreme oder Schlagsahne steht flüssig gemachte Schokolade oder Kuvertüre als sehr dünne, nicht minder leckere Schicht besser. Feuchte Unterlagen – Quark oder Mohn – brauchen einen »trockenen« Guß oder eine feste Nougatcreme.

✧ Streusel müssen aus Margarine bereitet und anschließend gebuttert und gezuckert werden. Aus Butter bereitete Streusel behalten nicht ihre Form und laufen beim Backen breit.

✧ An den Teig für Mürbeteigplätzchen gehört kein Backpulver.

✧ In Thüringen heizt man die Küchen gut. Hefeteig geht also sehr schnell. Für die feinen Kuchen läßt man den Hefeteig nicht »zu groß« werden, weil der Kuchen dann zu hoch bäckt. Eine Ausnahme ist der Hebekuchen. Hier sollte der Teig lange und damit vollständig »gehen«, bevor er gebacken wird.

✧ Hirschhornsalz, mit dem viele traditionelle Thüringer Kuchen gebacken werden, muß vollständig in etwas kalter Flüssigkeit aufgelöst sein, bevor es zum Teig gegeben wird.

✧ Quark ist jetzt sehr frisch und feucht im Angebot. Will man einen guten Quarkkuchen backen, empfiehlt es sich, ihn über Nacht auf einem Sieb abtropfen zu lassen.

Backofen aus den 30er Jahren in einem Thüringer Bauernhaus

Nachwort

Der Hofrat und Erste Bibliothekar der Herzoglichen Bibliothek zu Meiningen, Ludwig Bechstein, hatte eine große Leidenschaft: Er sammelte die Sagen und Märchen seiner Thüringer Landsleute. Im Unterschied zu den Gebrüdern Grimm fügte er manch eigene Zutat zum Gehörten hinzu, schmückte es aus, erzählte die Geschichten neu. Eine der bis dahin nur von Mund zu Mund weitergetragenen und von Bechstein aufgeschriebenen Sagen ist die vom Schlaraffenland.

Milch und Honig fließen dort, Gesottenes und Gebackenes hängt an Bäumen und Sträuchern … Und um dahin zu gelangen, muß sich jeder durch einen Berg aus süßem Grießbrei essen.

Der Traum vom guten Leben, den die Menschen der damals oft weltabgeschiedenen Täler des Thüringer Waldes einander nach schwerer Arbeit ins Gedächtnis riefen, findet in diesem Märchen seinen Ausdruck. Nur an wenigen Festtagen im Jahr ließ sich ein klein wenig davon verwirklichen. Doch wenn die Thüringer einmal feiern, dann mit Leidenschaft...

Rechts und links des Rennsteigs, des uralten Grenzweges vom Oberlauf der Saale bis zur Mündung der Hörsel in die Werra, haben sich eigene Formen des Zusammenlebens herausgebildet und bis heute erhalten. So stehen in zahlreichen Dörfern noch immer Gemeinschaftsbacköfen, die an Wochenenden oder vor Festtagen angeheizt werden. Und wird dann gebacken, so stets reichlich und nicht nur für die eigene Familie …

Mancherorts ziehen, wenn im Dorf eine fette Sau für Wurst und Schinken ihr Leben lassen muß, vermummt die »Spießrecker« zum Ort des Gemetzels, um einen Anteil am Gehackten, an Blut- und Leberwurst zu fordern. Dazu erhalten sie natürlich auch eine gehörige Portion Kuchen. Denn im Thüringischen wird bei jedem sich bietenden Anlaß gebacken: Bei Geburt und Taufe, zum Schulanfang wie zur Konfirmation, bei Hochzeiten und natürlich zur Kirmes … – Selbst nach Begräbnissen tröstet sich die Trauergemeinde mit Kuchen über den ersten Schmerz hinweg und wird so in den Alltag zurückgeholt.

Auch wenn der Gesangsverein feiert, die Freiwillige Feuerwehr zum Ball einlädt, die Geflügelzüchter ihre schönsten Hähne vorstellen – Kuchen ist immer dabei.

Ein backfreudiges Völkchen sind die Thüringer. Unter 20 verschiedenen Kuchen »läuft« da kein Fest. Und wer gratulieren kommt, einen Blumenstrauß, ein kleines Geschenk überreicht, erwirbt damit unausgesprochen den Anspruch, seinen Heimweg mit einem Kuchenpaket antreten zu dürfen. Das ist eben Sitte im weiten Thüringer Land.

Und weil den Brauch alle akzeptieren, werden in einem Dorf mit beispielsweise 70 Häusern nicht weniger als 69 Kuchenpakete vorbereitet! Fein verpackt und aufeinandergeschichtet in Wäschekörben liegen sie schon Tage vor dem Fest bereit.

Selbst versierte Hausfrauen sehen sich, steht ein solches Familienfest ins Haus, nach einer kenntnisreichen Hilfe um: Die finden sie noch heute bei einer Thüringer Backfrau. Mag früher die schon erwähnte Weltabgeschiedenheit der Täler alle Formen von Nachbarschaftshilfe geradezu unentbehrlich gemacht haben, so blieb die Unterstützung bei der Hausbäckerei – heute mehr ein Freundschaftsdienst und um Ehre einzulegen – erhalten.

Schon Wochen vor dem Fest begann früher das strenge Regime der Backfrau. Das Mehl mußte aus der kalten Vorratskammer in die warme Küche gebracht werden, damit der Hefeteig gut »geht«. Rosinen wurden entstielt und in Rum eingeweicht. Mandeln gebrüht, enthäutet, getrocknet, gemahlen. Alle Zutaten herangeschafft.

Auch das Backen begann mindestens eine Woche vor dem Fest: Viele der saftigen Thüringer Kuchen schmecken erst richtig gut, wenn sie einige Tage gelegen haben …

Jede Backfrau hatte ihre eigenen Rezepte, die sie sorgsam hütete und selten verriet. Grund genug für alle anderen, den Kuchen durch riechen, schmekken, schauen auf ihr »Innenleben« oder das Backgeheimnis zu kommen. Bei zwei oder gar drei Konfirmationen an einem Tag war es manchmal gar nicht so einfach, die jeweilige Backfrau zum jeweiligen Kuchen herauszuschmecken.

Gudrun Dietze ist Backfrau wie schon ihre Mutter. Sie hat von Kind an neben der Backschüssel gestanden und nichts verpaßt. Mit neun Jahren gelang ihr die erste Torte. Was immer sie versucht, jahrzehntelange Erfahrung und viel Geschick sorgen für immer neue Erfolge. Ihr geht es eben von der Hand. Dabei bäckt sie nicht nur die traditionellen Kuchen, sondern hat selbst vieles Neue eingebracht und ihre Bäckereien dem heutigen Geschmack entsprechend verfeinert.

Aus der Fülle des kaum überschaubaren Angebots wurden für dieses Buch verschiedenartige Rezepte ausgewählt. Teils hat sie eine Generation an die nächste unverändert weitergegeben, und wegen ihrer Originalität oder ihres Wohlgeschmacks blieben die Rezepturen bis heute erhalten. Andere haben sich mit wachsendem Lebensstandard neuen Tendenzen angepaßt, fußen aber noch immer auf der Thüringer Tradition.

Gebacken wird – wie schon gesagt – zu allen Jahreszeiten und bei allen Gelegenheiten. Im Sommer bevorzugt man frisches Obst als Belag, das gibt einfache, saftige Kuchen mit Guß oder Streuseln.

Gefeiert wurde in Thüringen aber mehr im Herbst und im Winter, wenn die landwirtschaftlichen Arbeiten zwangsläufig ruhen mußten. So geben vor allem Konservenfrüchte und selbstgekochte Marmeladen den Festtagskuchen ihren feinen Geschmack. Auch Geleegüsse und Buttercreme verlangen einen kühlen Lagerort.

In Thüringen bäckt man nie nur einen Kuchen allein. Wer also diesem Buch folgen will, sollte mindestens zwei, sehr kontrastreiche Kuchen für den ersten Versuch auswählen: Denn das Auge ißt ja mit.

Eine besondere Wissenschaft ist das Kuchenschneiden. Jede Backfrau hat ihren besonderen Ehrgeiz darin, daß alle Kuchen trotz ihrer unterschiedlichen Konsistenz gleich hoch gebacken sind; was eigentlich gleich flach heißt, denn trotz mannigfaltiger Beläge und vieler schmackhafter Schichten übereinander, ist kein Blechkuchen letztlich höher als zwei Zentimeter. In sehr kleine, streichholzschachtelgroße Stücke schneidet man diese Kuchen und baut aus diesen Häppchen prächtige bunte Kuchenberge, denen keiner zu widerstehen vermag. Ein kleines Schlaraffenland!

Backen wie in Thüringen: Das heißt, Reiz und Eigenart einer regionalen Backtradition, die wie kaum eine zweite noch in solcher Geschlossenheit und Lebendigkeit existiert, kennen und lieben zu lernen. Lassen Sie sich von einer echten Thüringer Backfrau zum Naschen verführen!

Rezeptverzeichnis